Quassel-Knigge 2100

Quasseln, Quatschen, Quengeln
oder
Lebenswichtige Kommunikation
Gezielt eingesetzte Rhetorik
Aussagekräftiges Profil zeigen

Horst Hanisch

© Zweite Auflage: 2021 by Horst Hanisch, Bonn

© Erste Auflage: 2018 by Horst Hanisch, Bonn

Bibliografische Information der Deutschen Nationalbibliothek: Die Deutsche Nationalbibliothek verzeichnet diese Publikation in der Deutschen Nationalbibliografie; detaillierte bibliografische Daten sind im Internet über dnb.dnb.de abrufbar.

Der Text dieses Buches entspricht der neuen deutschen Rechtschreibung.

Idee und Entwurf: Horst Hanisch, Bonn

Lektorat: Alfred Hanisch †, Bonn: Annelie Möskes, Bornheim

Buchsatz: Guido Lokietek, Aachen; Horst Hanisch, Bonn

Umschlag: Christian Spatz, engine-productions, Köln; Horst Hanisch, Bonn

Fotos: Umschlag: Christian Spatz, engine-productions; Fotos, wenn nicht anders angegeben, und Zeichnungen: Horst Hanisch, Bonn

Herstellung und Verlag: BoD – Books on Demand, Norderstedt

ISBN: 978-3-7526-4070-0

Quassel-Knigge 2100

Quasseln, Quatschen, Quengeln
oder
Lebenswichtige Kommunikation
Gezielt eingesetzte Rhetorik
Aussagekräftiges Profil zeigen

Horst Hanisch

Inhaltsverzeichnis

Vorwort

Der Beginn zum Erfolg

Was immer ich beginne, ich halte es durch,
ich bleibe beharrlich treu und vernichte niemanden.
Hildegard von Bingen, dt. Naturwissenschaftlerin
(1098 - 1179)

Profil zeigen

Nichts ist leichter, als ungeprüfte Stammtischparolen lauthals in die Runde zu werfen. Behauptungen aufstellen, Schuldzuweisungen äußern und Gerüchte nachplappern, mag in lustiger Runde gelten.

Diese können heftige Diskussionen unter den Beteiligten auslösen, allerdings ohne greifbare Ergebnisse – da die rhetorisch saubere Argumentations-Basis fehlt.

Im seriösen beruflichen Umgang überzeugen handfeste und überprüfbare Argumente. Geschickte, weiterführende Fragetechnik und ein nachvollziehbarer Roter Faden geben dem Gespräch eine Struktur.

Wer mit seinen Ideen erfolgreich und überzeugend sein will, weiß, wie vernünftig kommunikativ ausgetauscht und geschickt rhetorisch vorgegangen werden kann. Unabhängig davon baut sich der Profi ein individuelles Profil auf, mit dem er sich von der großen trägen Masse positiv abhebt.

In diesem Buch wird gezeigt, wie lebenswichtig und notwendig Kommunikation als solche ist. Sobald zwei Menschen aufeinandertreffen, kommunizieren sie miteinander, auch wenn sie kein gesprochenes Wort austauschen.

Das heißt, sie kommunizieren auch dann, wenn sie nicht miteinander kommunizieren wollen. Ist das Quatsch? Nein.

Die komplette Körpersprache drückt nonverbal aus: „Ich will von dir nichts wissen." „Ich will nicht mit dir kommunizieren."

Interessant: Der andere versteht den Wunsch nach ungewollter Kommunikation.

Im vorliegenden Text wird davon ausgegangen, dass der Wunsch nach Kommunikation gegeben ist.

Raffiniert und interessant wird es dann, wenn die Rhetorik, die Kunst des Redens, geschickt und gezielt eingesetzt wird.

Nicht zu unterschätzen: Wer rhetorisch fit ist, kann gegen ihn eingesetzte Manipulationsversuche sofort durchschauen und diesen entgegentreten.

Er erkennt unsachliche und unfachliche Einwände und weiß, wie er diese entkräften kann. Er ist dem Rhetorik-Laien deutlich im Vorteil.

Schließlich tritt der Erfolgreiche aus dem Schatten der anonymen Masse. Er baut sein Profil auf und aus und wird damit – positiv – sichtbar.

Die anderen sehen – „Da ist einer!" So hat der gut Handelnde die Chance, mit seinen Ideen andere zu überzeugen und zufrieden oder sogar glücklich zu werden.

Nicht nur andere wird er glücklich machen, sondern sich selbst auch: im materiellen und im immateriellen Sinn.

Die Erwartungen an die heutigen beruflich Aktiven haben sich deutlich verstärkt. Erwartet werden: Schnelligkeit, Überzeugungskraft und Präsenz.

Nachdem die Online-Präsenz zugenommen hat, ergeben sich unerwartet andere und zusätzliche Schwerpunkte in der Übermittlung von Nachrichten.

So heißt es, sich den neuen Möglichkeiten anzupassen und zu Gunsten aller optimal einzusetzen.

Erklimmen Sie deshalb mit uns die drei Stufen:

1. Lebenswichtige Kommunikation
2. Gezielt eingesetzte Rhetorik
3. Aussagekräftiges Profil zeigen

Ein Buch für alle, die ihre berufliche Gesprächs-Technik aufbauen, überarbeiten oder optimieren wollen.

Viel Spaß und Erfolg

Horst Hanisch

Zur Einstimmung – Hinleitung zum Thema

Statt sinnloser Quasselei lieber fundierter Austausch

> *Unsere Eltern erzählen uns vielleicht einen Quatsch!*
> *Der Weihnachtsmann ist der Papa, der Osterhase auch.*
> *Und das mit dem Klapperstorch ist auch nicht wahr,*
> *weil wir vom Affen abstammen.*
> **Alfred Edmund Brehm, dt. Zoologe**
> *(1829 - 1884)*

Was soll der Quatsch?

„Halt, halt, halt! Was soll denn das Gequatsche? Ewig wird hier nur gelabert. So kommen wir doch nicht weiter. Jede Woche dasselbe. Ich habe die Nase voll!"

So mag mancher denken, der in wöchentlichen Meetings sitzt und bemerkt, dass kein Fortkommen erkennbar ist. Seit Stunden wird dasselbe Problem hin und her gewendet, ohne dass erkennbar wäre, auch ein kleines bisschen weitergekommen zu sein. Das ist verlorene Zeit.

Verlorene Zeit für fast alle Anwesenden. Fünf Minuten Gelaber bei 12 Teilnehmern entspricht bereits einer Arbeitsstunde!

Ein anderer mag denken: „Was soll ich mich denn aufregen? Mir geht es gut hier im Unternehmen. Ich habe mich seit Jahren bequem in meiner Arbeit eingerichtet. Soll mir ja keiner dazwischenpfuschen. Ich weiß schließlich, wie es läuft.

Der moderne Kram, der eingeführt werden soll, macht meine schönen, seit Jahren verfeinerten Arbeitsabläufe kaputt.

Also muss ich nur auf der Hut sein, wenn jemand an meinem System kratzen sollte. Dem werde ich zeigen, welchen Stellenwert er hier im Unternehmen hat. Ich bin schließlich lang genug dabei und weiß, wie der Hase läuft."

Die persönliche Einstellung steht bereits auf ‚Abwehr' – bevor der kommunikative Austausch begonnen hat.

Davon ausgehend, dass tausende Meetings täglich allein in hiesiger Kultur stattfinden, wird sich in vielen Fällen Ähnliches abspielen wie oben angedeutet. Vernebelungstaktiken, Verzögerungen, Abwägungen und noch einmal Überprüfungen, Gegenchecks statt mutigen Voranschreitens.

Sehr wahrscheinlich versucht fast jeder, seine errungenen Vorteile zu verteidigen, koste es was es wolle. Wer gibt schon gerne etwas von seinen Vorteilen ab?

Neue Strategien und Vorgehensweisen haben in der Vergangenheit immer wieder gezeigt, dass der Einzelne einen Nachteil erzielen könnte. Also nicht am Bestehenden rütteln. „Da weiß <u>man</u>, was <u>man</u> hat." (Nebenbei: Wer ist ‚man'?)

Täglich werden tausende Euro aus den Fenstern katapultiert, weil es die bemühte Gesprächsleitung nicht schafft, zielorientiert und überzeugend zu moderieren. Verlorene Zeit, verlorenes Geld, verlorene Chancen.

Ist das nur in Unternehmen so?

Träge Politiker?

Werfen wir doch einmal einen Blick auf die Politik. In den Monaten, in denen dieses Manuskript zur 1. Auflage entsteht, ist eine deutliche Unzufriedenheit in weiten Teilen der Bevölkerung wahrzunehmen.

Viele Menschen sind mit der Politik oder genauer gesagt mit dem Vorgehen der Politiker nicht einverstanden.

Sie spüren kein Vorwärtskommen, keine Bewegung, die eine positive Änderung auslösen würde.

Alles scheint ewig lange zu dauern. Immer wieder geht es vom Hölzchen aufs Stöckchen. Ewig wird alles Mögliche ‚zer'-redet.

Natürlich soll hier den Politikern nicht zu nahe getreten werden. Die meisten (von den Bürgerinnen und Bürgern gewählten Volksvertreter und Vertreterinnen) werden sehr viel Energie investieren, um ihre berechtigten Ideen im Sinne ihrer Wähler realisieren zu können.

Dabei stoßen sie ständig auf Widerstände ihrer Parteigenossen, der Lobbyisten, den Vertretern unzähliger Organisationen und so weiter.

Also bleibt ihnen teilweise gar nichts anderes übrig, als Kompromisse einzugehen. Mancher sagt: Politik gleich Kompromiss. Die Politiker weichen von ihren ursprünglichen Zielen – teilweise erheblich – ab.

Die Bürgerin und der Bürger betrachten das als Schwäche; sie können das Vorgehen des Politikers nicht nachvollziehen. So bildet sich bei ihnen Frust. Sie suchen eine Lösung, unter Umständen bei zweifelhaften Gruppierungen.

Die Politikverdrossenheit greift um sich.

Lauschen wir Interviews, die eifrige Journalisten mit gewieften Politikern führen, ist immer wieder festzustellen, dass die politisch Trainierten rhetorisch geschickt um die brennenden Antworten herum lamentieren.

Nach einem Interview ist manchmal nicht klar, welchen Informationsgewinn der Zuhörer mitnehmen kann.

Entscheidungsfreudige Politik?

Bei der Überarbeitung zur 2. Auflage beherrscht die Corona-Pandemie das politische Geschehen seit knapp einem Jahr.

Plötzlich und für die meisten unerwartet treten unglaubliche und teilweise angstmachende Konstellationen auf, die eine politische Entscheidung erwarten.

„Die machen alle nur Quatsch!" „Da ist keine (Langzeit)-Strategie zu erkennen!" „Das ist alles übertrieben!" Vorwürfe dieser Art werden den Volksvertretern täglich vorgehalten.

Positiv erweist sich eine plötzliche Schnelligkeit von Entscheidungen, die dem bisher träge wirkenden politischen Ablauf nicht im mindesten zugetraut worden wären. „Na siehst, geht doch!", lässt sich mancher aus der Wählerschaft vernehmen.

Einzelne Politiker, auch manche, die bisher ihr Dasein in einer politischen Nische verbrachten, zeigen ungeahntes Profil.

Natürlich können sie mit ihren Prognosen nicht immer richtigliegen – aber sie geben eine (von vielen erwartete) Richtung vor.

Der Rote Faden überträgt sich auf das Handeln. Der Mensch (Bürgerin und Bürger) findet eine Orientierung, eine Struktur, an der er sich vorwärts hangeln kann.

Durch die Schnelligkeit der Entscheidungen werden sicher auch Fehler begangen. Über diese können später gesprochen werden. Hauptsache aktuell: „Handeln!"

Wirtschaft und Lobbyismus

Auch in der (beruflichen) Wirtschaft ist immer wieder zu beobachten, wie hochbezahlte Manager geschickt den gestellten Fragen aus dem Weg gehen.

In der Vergangenheit musste festgestellt werden, dass teilweise sogar an der Wahrheit vorbeigeredet wurde; manche würden sagen, dass gelogen wurde. Worauf soll sich denn der Zuhörer noch verlassen? Wem kann er noch trauen? Ist das alles nur Quatsch?

Es hört sich manchmal tatsächlich wie Quatsch an. Soll erfolgreichen, mächtigen Managerinnen und Managern unterstellt werden, dass sie Quatsch erzählen? Nein!

Es darf sehr wohl davon ausgegangen werden, dass Manager sehr wohl sehr wohlüberlegt vorgehen. Ihre Strategie verfolgen, zielorientiert, allerdings ihre eigenen Interessen vertreten und – oder oder/und das ihres Unternehmens – was insgesamt als legitim betrachtet werden darf.

Da ihre eigenen, meist gewinnorientierten Ziele nicht zwangsläufig mit denen anderer übereinstimmen, wird rhetorisch geschickt manipuliert, bewusst missverstanden oder missverständlich ausgedrückt und die eigene Vorgehensweise in ein gutes Licht gestellt.

Auch die häufig kritisierte Lobbyarbeit ist für die, die sich von ihrem Lobbyisten (das ist jemand, der einen Abgeordneten in seinem Sinn beziehungsweise im Sinn seiner Interessengruppe überzeugen will) vertreten fühlen, unverzichtbar.

Die meisten Hotels bieten eine Lobby an. Auch in den ursprünglichen britischen und US-amerikanischen Parlamentsgebäuden gab es eine Wandelhalle, die Lobby.

Dort konnten Vertreter von Interessengruppen mit Abgeordneten zusammentreffen. „Erfüllst du mir einen Wunsch – unterstützt dich die Interessengruppe." Sehr praktisch.

Wer anders als die Lobbyisten sollte die Interessen einer Interessengruppe besser vertreten können? Der Lobbyist ist perfekt vernetzt, kennt allerlei rhetorische Tricks und hat eine ungeheure Kraft, andere überzeugen zu wollen – und zu können.

Oberflächliches im Gesellschaftlichen?

Die bisher gezeigten Beispiele beziehen sich auf das berufliche Leben. Werfen wir einen Blick auf das gesellschaftliche Zusammensein.

Ist Ihnen schon einmal aufgefallen, wie oberflächlich häufig auf Partys, Veranstaltungen, Festen oder Feiern miteinander geredet wird? Möglicherweise liegt der Schwerpunkt bei dieser Art Treffen darin, den anderen zu zeigen, dass ,man' noch existiert.

Viele von uns mögen Zeitgenossen kennen, die unablässig quasseln und rücksichtslos durch ihr Verhalten die Stimmung der Zusammenstehenden beeinflussen.

Die eigene Meinung gilt uneingeschränkt als richtig. Eine vernünftige Diskussion ist kaum möglich – und oft auch nicht gewünscht.

Zuhören können diese Menschen offensichtlich nicht. Vielleicht sind sie gar nicht daran interessiert, was die Gesprächspartner interessiert oder bewegt. Ein klärender Austausch ist nicht gefragt, da die eigene Meinung per se nicht infrage gestellt wird.

Gequält lächeln die Genötigten die Quasseltante oder den Quasselonkel an.

Im familiären Bereich treffen Beteiligte auch auf Manipulationsversuche und zwar von klein auf. Das kleine Kind schafft es locker, durch gezielte Quengelei seine Mutter dazu zu bringen, ihm das zu geben, was es will.

Es lernt schnell verschiedene Taktiken, die zum gewünschten Ziel führen. Wohlgemerkt ohne dass es je an einem Training teilgenommen hätte.

„Verhalte dich so und so, damit Oma nicht traurig ist", kommen die mahnenden Worte und die manipulierende Einflussnahme der Mutter (und des Vaters) hinzu.

Also „lieb sein", angepasst sein, um ja nicht (negativ) aufzufallen. Kein eigenes Profil darstellen – „um Himmels Willen und um des Friedens Willen nicht!"

Also Schluss mit Quasseln, Quatschen und Quengeln! Schluss mit kommunikativer Quälerei und gezielten rhetorischen Querschüssen.

Das Leben ist viel zu kurz, um sich von solch einem törichten Verhalten im Weiterkommen blockieren zu lassen. Hier heißt es: „Notleine ziehen!"

Drei Stufen zum Erfolg

Aus diesem Grunde werden im vorliegenden Buch drei Stufen, drei aufeinander aufbauende Bereiche, betrachtet. Begonnen wird mit der lebenswichtigen Kommunikation, gefolgt von der gezielt eingesetzten Rhetorik bis zum Aufbau des persönlichen Profils.

In diesen Überlegungen wird gezeigt, weshalb es sinnvoll ist, diesen Weg zu beschreiten, speziell dann, wenn ein Mensch erfolgreich in seinem Leben sein will.

Mit etwas Nachdenken ergeben sich manche der Überlegungen fast automatisch. Umso verwunderlicher ist es, dass einige sich offensichtlich niemals Gedanken zu diesem Themenbereich machten und machen.

Wird der Lebenslauf einiger sehr Erfolgreicher analysiert, lässt sich feststellen, dass die meisten von ihnen überlegt vorgegangen sind. Dahinter steckt Erkenntnis, Übung, Umsetzung und Wollen.

Den wenigsten wird der Erfolg einfach so in den Schoß gefallen sein. Vernünftiges Training ist angefragt.

Stufe 1 – (Über-)lebenswichtige Kommunikation

(Über-)lebenswichtige Kommunikation statt Quasseln

Gedanken, Sprache, Verständnis

Alle Sprache ist Bezeichnung der Gedanken, und umgekehrt die vorzüglichste Art der Gedankenbezeichnung ist die durch Sprache, dieses größte Mittel, sich selbst und andere zu verstehen.
Immanuel Kant, dt. Philosoph
(1724 - 1804)

Quasseln

„Mensch du alte Quasselstrippe! Hör auf, solch ein dummes Zeug zu quasseln!" Empört unterbricht die Kollegin ihren Kollegen. „Ich komme mir vor wie in einer Quasselbude", fügt sie noch hinzu.

Der Kollege zeigt sich ungehalten. „Ich bin doch keine Quasseltante beziehungsweise kein Quasselonkel! Ich will lediglich meine Überzeugung darlegen!"

„Ist ja schon gut", beschwichtigt die Kollegin. „Vielleicht solltest du uns die Möglichkeit geben, miteinander zu kommunizieren. Du redest viel zu schnell und unaufhörlich, ohne einmal Atem zu nehmen. So können wir doch nicht vernünftig miteinander sprechen."

„Na gut, dann halte ich eben meinen Mund." Ob der Kollege verstanden hat?

Palavern, faseln, schwafeln, schwadronieren, babbeln, labern und vergleichbare Bezeichnungen passen als mögliche Synonyme zu quasseln. Gemeint ist ein unüberlegtes Drauflosreden, ohne einmal Luft zu holen.

Bekanntlich gehören zur vernünftigen Kommunikation mindestens zwei Personen. Deshalb sollte der Quasselnde dem anderen zumindest hin und wieder die Chance einräumen, in einen vernünftigen Dialog eintreten zu können.

Dann kann es auch zur gewünschten (zwischenmenschlichen) Kommunikation kommen, die Gesprächspartner gleichwertig berücksichtigt.

Kommunikation ermöglicht die Weiterentwicklung. Sie ist wichtig für das Wachsen der Gesellschaft. Ja, sie ist sogar überlebenswichtig für die Gesellschaft.

Wer vernünftig kommuniziert, ermöglicht sich und anderen einen Wissenszuwachs und daraus folgend die Möglichkeit sich weiterzuentwickeln.

Also heißt das: Raus aus der kommunikativen Isolation. Besser: Vielfältiger Einsatz der verbalen und nonverbalen Sprache, das Nutzen verschiedener Kommunikationstechniken, das Anstreben empathischer Kommunikation.

Zwangsläufig notwendige Kommunikation

Die oben zitierten Gedanken des Philosophen Immanuel Kant sind starke Erkenntnisse.

Es lässt sich sogar gedanklich noch eine Etage höher gehen, sozusagen auf eine Art Meta-Ebene. Damit ist die Gesellschaft gemeint, die sich erfolgreich über Jahrtausende weiterentwickelt hat.

Verglichen mit anderen sozialen Wesen haben es die Menschen geschafft, sich ihr Leben unglaublich mannigfaltig zu gestalten. Unbeachtet soll hierbei bleiben, ob das Geschaffene zum Vor- oder Nachteil der Menschen führt. In diesen Betrachtungen ist viel wichtiger zu erkennen, wie die Menschheit vorgegangen ist, um sich gegen andere durchsetzen zu können.

Davon ausgehend, dass es keinen Regisseur des Lebens gibt, hat sich die weitere Entwicklung ‚einfach so' ergeben. Heutzutage ist es problemlos möglich, (nachträglich) die Entwicklung zu analysieren und auf das eigene Leben zu übertragen.

So lässt sich – bei entsprechendem Willen – eine Strategie für die Zukunft aufbauen, die auf der jahrtausendelang erfolgten Fortentwicklung der menschlichen Vergangenheit beruht.

Der Austausch zweier Personen

Die 1. Stufe ist mit dem Wort Kommunikation überschrieben. Unter Kommunikation ist hier der Austausch mindestens zweier Menschen gemeint.

Treffen zwei Personen aufeinander, kommunizieren diese – ob sie wollen oder nicht – automatisch miteinander.

Das hat schon der österreichische Kommunikationswissenschaftler Paul Watzlawick (1921 – 2007) mit seiner Aussage „man kann nicht nicht kommunizieren" festgehalten. Er drückt korrekterweise damit aus, dass zwei Personen immer (!) miteinander kommunizieren, sobald sie aufeinandertreffen.

Selbst wenn beide die Absicht haben, mit dem jeweils anderen keineswegs in einen Austausch zu treten, werden sie allein schon durch ihre Körperhaltung diese Absicht erkenntlich machen.

Der jeweils andere spürt den Wunsch der Distanz und verhält sich entsprechend. Damit reagiert er auf das Verhalten des anderen. Eine Kommunikation hat stattgefunden, auch wenn diese nonverbal verlief.

Sender	Empfänger	
Ich will mit dir kommunizieren.	Ich kommuniziere mit dir	Ich habe deinen Wunsch verstanden, will aber nicht kommunizieren.
Die Kommunikation fand statt.		
Ich will nicht mit dir kommunizieren.	Ich auch nicht.	Ich habe deinen Wunsch verstanden, will aber mit dir kommunizieren.
Die Kommunikation fand statt.		

Im letzten Fall kann der Empfänger trotzdem (gegen den Willen des Senders) versuchen, einen Kontakt herzustellen.

Gefahr von innen

Weshalb ist das so? Ist es nicht denkbar, dass zwei Personen aufeinandertreffen, ohne sich gegenseitig zu beeinflussen?

Wollen Sie, liebe Leserin, lieber Leser das einmal probieren, steht Ihnen natürlich frei, das Experiment umzusetzen. Kann das gelingen? Nein, es wird nicht klappen. Egal was Sie tun, es wird den anderen in seinem Verhalten beeinflussen.

Der andere merkt möglicherweise überhaupt nicht, dass er gerade beeinflusst wird. Es ist auch relativ unbedeutend, ob die Verhaltensänderung bewusst oder unbewusst geschieht.

Wichtig ist lediglich hervorzuheben, <u>dass</u> die Beeinflussung geschieht. Geht in der Fußgängerzone Person A zielstrebig auf Person B zu, wird zumindest einer von beiden versuchen, die Kollision zu vermeiden. Diese Interaktion hilft, beide ohne Zusammenstoß beziehungsweise ohne Unfall überleben zu lassen.

Auf alle möglichen andere Situationen übertragen lässt sich folgern, dass die Kommunikation im ersten Schritt dazu dient, das Weiterleben beider zu ermöglichen. Das heißt, Kommunikation ist überlebensnotwendig.

Ohne Kommunikation kein Überleben

Nun ist eine gute Vorstellungskraft notwendig. Stellen Sie sich zwei Menschen auf einer einsamen Insel vor. Im Szenario A wird davon ausgegangen, dass jeder für sich ungestört auf der Insel leben will.

Der eine auf der einen Seite der Insel, der andere auf der anderen. Lässt sich nun sagen, dass keinerlei Kommunikation stattfindet?

Nein, davon ausgehend, dass jeder weiß, dass der andere an anderer Stelle leben will, lässt sich ein gewisser Gebietsanspruch erahnen.

Es gibt eine virtuelle Grenze, die das jeweilige Lebensgebiet der beiden Bewohner voneinander abgrenzt.

Das eigene Gebiet wird benötigt, um genügend Lebensmittel, Wasser und andere überlebensnotwendige Dinge zu sammeln oder anzubauen.

Die nicht sichtbare Grenze wird von beiden akzeptiert. Obwohl sie möglicherweise nicht ein Wort miteinander sprechen, akzeptieren beide den jeweiligen Bereich des anderen. Daraus folgt: Kommunikation ist gegeben.

Sollte einer der beiden die Grenze überschreiten, um zum Beispiel im anderen Bereich Früchte zu sammeln, wird es dem Besitzer nicht gefallen.

Er hat das Gefühl, dass in seinen Lebensbereich eingedrungen wurde.

Oder vielleicht noch schlimmer, dass er seiner Lebensgrundlage ‚Lebensmittel‘ beraubt wird. Er wird das Vorgehen des anderen nicht dulden.

Möglicherweise mag eine erste Reaktion sein, das eigene Gebiet am nicht sichtbaren Grenzverlauf zu schützen.

Er baut eine Sperre, einen Zaun auf, womit einerseits die Grenze jetzt sichtbar wird und andererseits (im Sinne der Kommunikation) mitgeteilt wird „bis hierher und keinen Schritt weiter". Der andere Inselbewohner kann sich nun nicht mehr herausreden, ‚aus Versehen' ins fremde Gebiet eingedrungen zu sein.

Wird er nach wie vor den Grenzverlauf ignorieren, zwingt er den anderen fast dazu, sein Gebiet beziehungsweise sich selbst verteidigen zu müssen. Es scheint klar zu werden, dass Streitigkeiten fast zwangsläufig folgen müssen. Möglicherweise kommt es schnell zur Schlägerei oder zu einer Art kriegerischer Auseinandersetzung.

Das beschriebene Vorgehen ist übrigens nicht nur beim Menschen zu beobachten, sondern bei sehr vielen Tieren ebenso.

Kann behauptet werden, es liegt in der Natur der Lebewesen, genau in dieser Art vorgehen zu müssen? Müssen sich Tiere so verhalten, weil sie ihren eigenen Einfluss vergrößern wollen?

Muss es sein, um mehr Macht zu erzielen und im Falle von Lebensmittelknappheit besser überleben zu können? Also geht es wirklich nur ums reine Überleben?

Gefahr von außen

Es gibt aber noch ein Szenario B. Da immer eine latente Gefahr von außen droht, könnten sich A und B zusammentun. Im Falle eines Angriffs von C hätten A und B demnach eine größere Chance, sich erfolgreich verteidigen zu können.

Wieder geht es um das Überleben. Hier könnte von einer Art Zwangssymbiose gesprochen werden. Solange der andere mir nutzt, tue ich mich mit ihm zusammen. Ist der Nutzen nicht mehr gegeben, trenne ich mich von ihm. Sollte es noch D, E, F und andere geben, gibt es genügend Alternativen, eine neue Partnerschaft einzugehen.

Zwei bilden eine Gemeinschaft, um stärker als andere zu sein. Sie können sich besser verteidigen. Gleichzeitig steigt die Wahrscheinlichkeit, besser leben beziehungsweise überleben zu können.

Die Natur hat es intelligenterweise so eingerichtet, dass bei einer Partnerschaft zwischen einer weiblichen und einer männlichen Person eine dritte Person entstehen kann.

Aktuelle medizinische Möglichkeiten und gesetzliche Vorgaben können dasselbe erzielen, ohne Rücksichtnahme auf das Geschlecht.

Weshalb bedarf es eines Nachkommen? Braucht ein Individuum den Nachkommen, damit es selbst im Alter einen gewissen Schutz genießt? Ist es die Hauptaufgabe des Lebens, durch Nachkommen die jeweilige Art überleben zu lassen?

So oder so, es geht wieder um den Schutz des eigenen Lebens.

Kommunikative Isolation

Egal aus welcher Sicht dieses Gedankenspiel gedreht und betrachtet wird, kommt es immer wieder zum selben Ergebnis: Die zwischenmenschliche Kommunikation ist überlebensnotwendig. Ohne Kommunikation würde das Weiterleben enden.

Unter diesem Gesichtspunkt sollte kurz bewusstwerden, was Isolationshaft tatsächlich bedeutet. Genau genommen wird dem Isolierten die Möglichkeit genommen, mit einem anderen zu kommunizieren. Überlebt jeder die Isolation?

In der 2. Jahreshälfte des Jahres 2020 gab es diesbezüglich heftige Diskussionen. Dürfte aufgrund der Corona-Pandemie und des damit verbundenen Risikos der Ansteckung, ein Mensch (schützend) isoliert werden?

Darf die Seniorin/der Senior in einer Altersresidenz auf Wochen hinaus das eigene Zimmer nicht mehr verlassen?

Fühlen sich in diesem Sinn die ‚isolierten' Schüler und Mitarbeiter im Homeschooling und im Homeoffice tatsächlich isoliert?

Hat diese gefühlte Isolation einen Einfluss auf die Entwicklung der Betroffenen? Bahnen sich Aggression und Depression ihren Weg, um die Isolation zu überwinden?

Viele Fachleute meinten: Ja. Deshalb keimen immer wieder die Diskussionen auf, wie viel Schutz welcher zeitlichen Isolation gegenübergestellt werden dürfte.

Ob gut gemeintes Zureden „Oma, du schaffst das schon" hilft? Oder wird es als leeres Gequatsche abgetan?

Kommunikation ist überlebenswichtig

Nun, eventuell etwas übertrieben oder knallhart formuliert: Kommunikation ist deutlich überlebensnotwendig. Fehlt die Kommunikation, stirbt der Mensch. Für den Isolierten sind das absolut schlechte Aussichten, ja sogar tödliche Aussichten.

Kommunikation im Fieberwahn

Richten Sie Ihr Augenmerk auf die Geschichte von Robinson Crusoe, der nach einem Schiffsbruch alleine auf eine einsame Insel geschwemmt wurde. Eine fürchterliche Vorstellung. Mutterseelenallein in einer fremden Umgebung.

Die ersten Monate verbrachte Robinson damit, Wasser und Lebensmittel zu suchen und zu finden, um sich dann einen sicheren Unterschlupf zu bauen. So zog sich das Leben über Monate, Jahre dahin.

Damit Robinson nicht verrückt werden musste, sprach er mit domestizierten Tieren, um eine Art Kommunikation aufzubauen. In einem uralten Schwarz-Weiß-Film wird gezeigt, wie Robinson im Fieberwahn mit seiner möglicherweise längst gestorbenen Mutter kommuniziert.

Hochinteressant ist der Aspekt der Kommunikation mit Tieren beziehungsweise mit der nicht anwesenden Mutter. Zeigte der damalige Filmemacher die notwendige (Ersatz-)Kommunikation, damit Robinson keinen psychischen Schaden nehmen musste?

Es ist bekannt, dass der englische Autor Daniel Defoe (1660 – 1731) Einsicht mit Robinson zeigte.

Um Robinson überleben zu lassen, schickt er ihm irgendwann (genauer: an einem Freitag) Freitag, einen Eingeborenen einer Nachbarinsel. Mithilfe Freitags gelingt Robinson schließlich die Flucht zurück ins reale Leben. Wieder ging es um das Überleben.

Kommunikation mit Wilson, dem Volleyball

Jahre später wird ein Film namens ‚Cast away', ‚Verschollen' veröffentlicht. In diesem Film verschlägt es Chuck Noland (gespielt von Thomas Jeffrey ‚Tom' Hanks, *1956) in eine ähnliche Situation, die damals Robinson durchlebte. Er geht vergleichbar wie sein literarischer Vorgänger vor.

Da auch Chuck aufgrund der Einsamkeit riskiert verrückt zu werden, malt er einem mitangeschwemmten Volleyball ein Gesicht auf und macht diesen zu seinem Freund Wilson.

Der US-Produzent Robert Lee Zemeckis (*1952) ermöglicht es dem einsamen Bewohner auf diese Weise, in Kommunikation zu treten. Obwohl es sich nur um einen Ball handelt, blüht Chuck regelrecht auf, da er nun einen ‚Freund' gewonnen hat.

Viele Monate später wird es Chuck gelingen, von der Insel zu entkommen. Selbstverständlich ist sein Freund Wilson dabei.

Durch widrige Umstände fällt Wilson vom Floß und verschwindet in den Weiten des Ozeans. Eine fürchterliche Situation für Chuck, hat er nun doch seinen einzigen Freund verloren. Im Film wird diese Situation sehr tragisch und zu Tränen rührend dargestellt.

In dieser Geschichte ist ebenso schön zu erkennen, dass es eines zweiten (Lebe-)Wesens bedarf, um weiterleben zu können.

In Ermangelung eines echten Menschen wird hier auf einen Ersatz zugegriffen, um den Schein (und die Notwendigkeit) zu wahren, die zwischenmenschliche Kommunikation zu auszuüben.

Kommunikative Einsamkeit

Den obigen Gedanken ergänzend sei noch der kleine Hinweis auf unsere aktuelle, nachwachsende Gesellschaft gegeben. Bekannterweise altert nicht nur diese mit schnellen Schritten.

Erstens wird der Mensch als solcher immer älter und zweitens zeigt die Demographie, dass die Gesellschaft überaltert. Die jungen Menschen fehlen. In vielen Fällen bricht die langjährige Partnerschaft auseinander, weil einer der beiden Partner verstirbt.

In anderen Fällen lebt jemand bewusst allein oder hat es nie geschafft oder gewollt, eine Partnerschaft aufzubauen. Egal welche Gründe es gibt oder gab – die Menschen leben allein. Viele von ihnen vereinsamen regelrecht.

Kritiker könnten einwerfen, dass es schließlich unendlich viele Möglichkeiten gibt, Kontakte aufzubauen.

Das mag stimmen, ändert aber nichts an der Tatsache, dass zig Menschen einsam mitten in der Gesellschaft vor sich her leben. Immer wieder ist in den Medien zu lesen, dass ein „einsamer Rentner erst nach X Monaten tot in seiner Wohnung aufgefunden wurde". Wie mag sich ein Mensch fühlen, wenn es ihm nicht gelingt, Kommunikation zu anderen aufzubauen?

Tierische Kommunikation

Kommunikation ist kein ausschließliches Merkmal menschlichen Zusammenseins. Kommunikation zeigt sich in der Tierwelt überall.

Früher wurde noch davon ausgegangen, dass lediglich geäußerte Laute eine Art Kommunikation bedeuten könnte. Inzwischen haben die Forscher Tausende anderer Beispiele gesammelt, wie Tiere miteinander kommunizieren können.

Stellvertretend seien hier die ‚Lichtspiele' in der finsteren Tiefsee genannt, mit denen sich Liebesbekundungen darstellen lassen, Warnungen signalisiert werden und schließlich auch lebendes Futter angelockt wird.

Das farbenprächtige Spiel mit dem Federkleid lockt Partner und gibt Fressfeinden Signale und Warnungen. Über Bewegungen des Körpers (die menschliche Kommunikation würde sagen: über Gestik und Mimik) wird kommuniziert.

Ein Beispiel hierzu sind Hunde, deren Haltung der Rute und der Ohren deutliche Informationen an Artgenossen abgeben.

Andere Tiere kommunizieren mittels Schallwellen, die für den Menschen unhörbar sind. Viele Insekten wiederum nutzen chemische Signale, um miteinander zu kommunizieren.

Die zwischen-tierische Kommunikation scheint unglaublich viele Varianten zu bieten, die vom Menschen überhaupt nicht verwendet werden.

Generell könnte unterstellt werden: Je sozialer Tiere miteinander leben, desto auffälliger und vielfältiger ist ihre Kommunikation untereinander.

Hierauf aufbauend lässt sich die gewagte Vermutung ableiten, dass durch abwechslungsreiche Kommunikation der Weg zur Weiterentwicklung geebnet wird. Je mehr Kommunikation, desto höher die Entwicklung der Lebewesen. Das unterstreicht den Wert der Kommunikation im Sinne des Erfolgs im Leben. Kommuniziert demnach der Mensch besonders gut?

Beginn der Kommunikation

Auch unsere Vor-Vor-Vorfahren kommunizierten bereits, bevor die Sprache im heutigen Sinne üblich war. Es wird vermutet, dass etwa vor 1,7 Millionen Jahren die Kommunikation mithilfe von Gesten und Lauten entstand (Protosprache = Ursprache).

Spätere Wandmalereien in Höhlen beweisen, dass es schon seit Ewigkeiten den Wunsch nach kommunikativem Austausch gibt. Sei es, um (für die Nachkommen) Erinnerungen festzuhalten, sei es um späteren Besuchern der Höhle Hinweise auf Nahrung und Gefahren zu geben. Vermutlich stellte ein Teil der Felsmalerei auch eine Art Kunst dar. Forscher sind sich hier noch nicht einig oder können bisher diese (mögliche) Kunstform nicht einwandfrei zuordnen.

Tanz und Gesang

In allen erforschten Kulturen ist davon auszugehen, dass Individuen miteinander tanzten und möglicherweise sangen. Obwohl Tanz und Gesang überlebensnotwendig scheinen, zeigt die Erkenntnis gegebenenfalls genau das Gegenteil – dass nicht das Über-Leben den Tanz hervorbrachte, sondern eher das Zusammen-Leben.

So wird vermutet, dass Tanz und Gesang halfen, emotionale Bindungen aufzubauen und zu festigen.

Weshalb? Immer wieder aufgrund derselben Überlegungen, die bereits weiter oben geäußert wurden: Einander zu stützen, speziell im Falle der Gefahr, um damit das eigene Leben zu bewahren.

Sprachentwicklung

Viele Jahrtausende später hat sich die Sprache entwickelt.

Schätzungsweise begann die Entwicklung vor etwa 100.000 Jahren. Wissenschaftler haben verschiedene Theorien aufgebaut, wie Sprache entstanden ist.

Verständlicherweise gibt es hierzu keine Beweise, sodass alle Überlegungen zwangsläufig auf Theorien beruhen. Keiner kann (zumindest zum augenblicklichen Zeitpunkt) sicher sein, welchen Weg die Entwicklung der Sprache damals nahm.

Heutzutage wird angenommen, dass es etwa 7.000 verschiedene Sprachen gibt.

Vielleicht ist das aber auch gar nicht wichtig, ist es doch viel aussagekräftiger, _dass_ die Sprache entstanden ist. Vorher konnten die Menschen ohne das gesprochene Wort kommunizieren und sich trotzdem gut miteinander austauschen.

Der Beweis ist zwangsläufig erbracht, hätten sie sonst keine überlebensfähigen Nachfolger in die Welt setzen können. Sie lebten nicht so, wie wir es tun – aber sie lebten, sie überlebten.

Vorteile im Zusammenleben

Offensichtlich brachte die Sprache weitere Vorteile im Zusammenleben. Wahrscheinlich konnte sich differenzierter ausgetauscht werden. Es konnte deutlicher auf Details eingegangen werden.

Die gesprochene Sprache ermöglichte es, sich leichter über die Zukunft auszutauschen. Für die Jagd konnte besser geplant, Strategien leichter erstellt werden.

Auch sollte es jetzt einfacher möglich gewesen sein, über Vergangenes zu reden. Der bisher gesammelte Erfahrungsschatz konnte den Nachkommen leichter vermittelt werden.

Immer wichtiger wurde es, der nachfolgenden Generation über das Leben der vorigen zu erzählen. Es darf davon ausgegangen werden, dass zum Erzählen dieser Geschichten viel Zeit investiert wurde.

Die Kommunikation war ausgesprochen wichtig für die Gruppe, half es doch das künftige Zusammenleben zu erleichtern und zu verbessern, sowie sich der Vorfahren zu erinnern.

Kommunikationstechniken

Die meisten Kulturen versuchten, teilweise Jahrtausende später, das gesprochene Wort in irgendeiner Form festzuhalten.

Bei den Inka im heutigen Peru entwickelte sich eine ausgetüftelte Kommunikation mithilfe von Knoten an Schnüren (Khipu), die sogenannte Knotenschrift. Angeblich entstand diese ca. ab 2.500 vor Christus.

Nicht nur bei den Indianern auf dem amerikanischen Kontinent wurden Informationen mithilfe von Rauchzeichen ausgetauscht. Durch das Entstehen lassen kleinerer und größerer Rauchwolken, sowie der Abstand der sichtbaren Wolken zueinander, entstanden lesbare Informationen. Bei den Chinesen wurden Rauchzeichen entlang der großen Mauer etwa 200 v. Chr. eingesetzt.

Seit etwa 8.000 Jahren konnten sich Menschen in Afrika mithilfe von Trommeln über größere Distanzen austauschen.

Die Ägypter entwickelten die Hieroglyphen. Die ersten bekannten reichen immerhin auf das Jahr 3.200 v. Chr. zurück. Hieroglyphen bestehen aus gezeichneten Bildern (Piktogrammen), Lautzeichen (Phonoprogrammen) und (stummen) Deut(e)zeichen (Determinativen).

Die Keilschrift entstand etwa ab 2.700 v. Chr. bei den Sumerern in Mesopotamien.

Die Vorgänger des heutigen Alphabets wurden etwa 900 v. Chr. auf Kreta entwickelt, die lateinische Sprache etwa ab 600 v. Chr.

Stufe 1 – (Über-)lebenswichtige Kommunikation

Die Erfindung des Buchdrucks mit beweglichen Lettern im Jahr 1455 (Johannes Gensfleisch, genannt Gutenberg, ca. 1400 – 1468) revolutionierte die damalige Welt.

Wiederum viele, viele Jahre später konnten Informationen mithilfe von Morsezeichen (seit 1837, Samuel Finley Breese Morse, 1791 – 1872) weite Entfernungen in kürzester Zeit überwinden. Später kamen Faxgeräte, Telefone, Radio und Fernsehen dazu.

Die erste SMS wurde 1989 gesendet. Seit 1991 gibt es das World-Wide-Web, ohne das der Mensch heute gar nicht mehr leben könnte. Seit 2007 gibt es das Smartphone mit seinen vielfältigen Möglichkeiten miteinander zu kommunizieren.

Es ist gut zu sehen, dass die Möglichkeit des kommunikativen Austauschs seit ewigen Zeiten gegeben war und sich ständig weiterentwickelt.

Aktuell arbeiten Millionen Menschen, inklusive Kindern und Senioren, mithilfe sogenannter Kommunikations-Chat-Plattformen.

Bild und Ton werden zeitgleich in die komplette Welt übertragen. Konferenzen, Meetings, Gesprächsrunden mit mehreren Personen rund um die Welt sind jederzeit möglich.

Bei technisch guter Ausstattung laufen die Übertragungen störungsfrei und ‚in Farbe'.

Gebärdensprache und Blindenschrift

Um in einen verbalen Austausch zu treten, bedarf es Lauten, heutzutage Wörtern, und natürlich der Fähigkeit, sprechen und hören zu können.

Bekannterweise gibt es viele Menschen, die entweder nicht hören oder nur schwer hören können. Hier wird eine Gebärdensprache eingesetzt, die die Kommunikation ermöglicht.

Allerdings gibt es auch Blinde, die die Gebärdenzeichen nicht sehen können. Louis Braille (1809 – 1852, frz. Blindenlehrer und selbst blind) entwickelte 1825 eine Blindenschrift, die durch erhabene Punkte auf einem Papier zu ertasten sind. Die Schrift wurde nach dem Erfinder als Brailleschrift bezeichnet.

Musik

Weiter oben wurde auf Tanz und Gesang hingewiesen. Seit Menschengedenken scheint es diese zu geben.

Musikinstrumente wurden schon aus frühesten Kulturen entdeckt – nämlich solche, die als prähistorische Instrumente bezeichnet werden. Sie datieren etwa 45.000 Jahre zurück.

Über die Musik lassen sich Emotionen, (Liebes-)Erklärungen, (politische) Botschaften, Lustiges und Trauriges transportieren.

Die Minnesänger im Mittelalter (ungefähr von Mitte des 12. bis zur Mitte des 13. Jahrhunderts) brachten erfundene und echte Geschichten von einem Ort zum anderen. Sie unterhielten die meist adeligen Auftraggeber und halfen, Nachrichten im Land zu verbreiten.

Volkslieder und Volksmusik sorgten für die weite Verbreitung der regionalen Sitten und Bräuche. Seit 1639 gibt es Opern, seit etwa 1920 Musicals, die die interessierte Zuhörerschaft vielfältig unterhielt und immer noch unterhält.

Fast jeder Mensch hört heutzutage täglich Musik. Viele junge Leute sind auf verschiedenen Musik-Kanälen abonniert, sodass sie schon lange nicht mehr auf das Radio angewiesen sind. Wann immer sie wollen können sie in bester Qualität und an jedem Ort die Musik hören, die sie bevorzugen.

Mit der Verbreitung von Musik werden Milliarden umgesetzt. Offensichtlich ist Musik nicht nur ein wirtschaftlicher Faktor, sondern beeinflusst das tägliche menschliche Leben immens, auch wenn es dem Einzelnen gar nicht so bewusst ist.

Mangelhafte Rechtschreibung

Ältere Generationen behaupten immer wieder, dass jüngere Menschen die Fähigkeit verloren haben, einen Text ohne Rechtschreibfehler aufs Papier zu bringen.

Das ‚aufs Papier bringen' ist selbstverständlich im übertragenen Sinne gemeint. Wer schreibt heute noch Postkarten oder Briefe? Die meiste schriftliche Kommunikation läuft mittlerweile über die Technik, die mit dem Internet verknüpft ist.

Einige meinen, dass weniger miteinander schriftlich kommuniziert würde. Andere behaupten genau das Gegenteil. Beklagt jemand, dass er seine täglich etwa 100 empfangenen Mails gar nicht mehr beantworten kann, zeigt das ja, dass Kommunikation im Einsatz ist. Vielleicht sogar mehr als früher.

Es ist richtig, dass es immer schwieriger wird, bei der Unzahl an eingehenden Informationen diese alle und in einem zeitlich vernünftigen Rahmen ausreichend beantworten zu können. Fast zwangsläufig wird der Text immer kürzer oder besteht teilweise nur noch aus Abkürzungen.

Es sieht so aus, dass sich die kritisierten Jugendlichen sehr wohl mithilfe dieser Technik austauschen können. Da dem älteren Menschen diese Art der Kommunikation oft nicht ganz so geläufig ist, verneint er sie gerne.

Auch die Annahme oder Behauptung, es würde nur Unsinniges – Quatsch – übermittelt, hat sich in dieser kategorischen Aussage nicht bestätigt.

Kommunikation im Wandel der Zeit

Die Art der Kommunikation ändert sich; das ist richtig. Das heißt aber nicht zwangsläufig, dass sie falsch wird.

Weiter oben wurde beschrieben, wie vielfältig in früheren Zeiten die Kommunikation war. Jede Form der Kommunikation hatte ihre Berechtigung und war in damaliger Zeit sicher als ‚richtig‘ zu bezeichnen. Heute wird die Art der damaligen Verständigung nicht mehr gebraucht, da es andere Wege der Kommunikation gibt.

Vergleichbares scheint gerade mit der neuen Art der Kommunikationstechnik zu passieren. Diese muss demnach nicht falsch sein. Sie ist lediglich eine Art der Kommunikation, die einige Jahre anhalten wird, bis sie von einer neuen Technik verdrängt wird.

Trotzdem bleibt der Vorwurf der mangelnden Rechtschreibung. In der Tat ist es so, dass die ausgetauschten Nachrichten der deutschen Rechtschreibung oft überhaupt nicht mehr genügen.

Großschreibung oder Kleinschreibung scheint unwichtig zu sein. Ob Känguru oder Känguruh oder Känghuru scheint egal.

Das Känguru bleibt ein Känguru unabhängig der gewählten Schreibweise.

Es sieht so aus, als verliere die Rechtschreibung nach und nach ihr Recht auf Existenz. Wenn der Empfänger die Nachricht unabhängig der Rechtschreibung trotzdem eindeutig erkennt, was inhaltlich gemeint ist, weshalb sich dann mit irgendwelchen grammatikalischen Regeln auseinandersetzen?

Automatische Korrektur

Das scheint auch immer weniger notwendig zu sein, gibt es doch bereits so fantastische Korrekturprogramme, die automatisch Rechtschreibfehler korrigieren. Der Nutzer des Systems bekommt die Korrektur häufig gar nicht mit, da sie im Hintergrund abläuft.

Bei grammatikalischen Unklarheiten fragt das Programm nach und bietet die (richtige) Alternative an. Der Nutzer muss gar nicht mehr denken. Das Korrekturprogramm hat für ihn das Denken übernommen. Hauptsache, der Empfänger weiß, was gesagt beziehungsweise geschrieben wurde.

Übersetzungen

Im Sinne der Globalisierung ist die Welt seit mehreren Jahren zusammengewachsen. Der grenzüberschreitende Kommunikations-Verkehr ist schon lange möglich, kostet fast nichts und erfolgt in kürzester Zeit.

Nun wissen wir, dass es ca. 7.000 Sprachen auf dieser Welt gibt. Hier scheint doch eine Herausforderung zu liegen. Es ist einfach, an irgendeinen Ort dieser Welt einen Text zu schicken. Die Frage ist nur, ob der Empfänger den Text lesen kann, da er üblicherweise in seiner eigenen Sprache kommuniziert.

Ja natürlich ist das möglich. Seit wenigen Jahren gibt es verblüffend gut funktionierende Übersetzungshilfen, die einen eingetippten oder auch einen eingesprochenen Text sofort in die gewünschte Sprache übersetzen. Noch immer schleichen sich Fehler ein, da die Sprache unglaublich vielfältig, manchmal kompliziert und bekannterweise auch doppelsinnig sein kann.

Trotzdem werden die Technik und die Sprachprogramme von Tag zu Tag besser, sodass die Fehlerhäufigkeit gleichzeitig abnimmt.

In Kürze wird es üblich sein, Texte einzusprechen (also nicht mehr einzutippen), wobei das System den gesprochenen Text sofort in Schriftform darstellt, auf Wunsch in eine andere Sprache übersetzt und dem Empfänger übermittelt.

Dieser kann sich den geschriebenen Text in seiner Sprache vorlesen lassen. Es wird demnach keine Sprachbarrieren in der Zukunft geben – das Wissen der Regeln der Rechtschreibung und Zeichensetzung sowieso nicht mehr.

Chatbots

Immer mehr Technik, Maschinen beziehungsweise Roboter lernen, mit einem menschlichen Nutzer zu kommunizieren. Die Kommunikation erfolgt so, wie es der Mensch gewohnt ist.

Schon heute setzen große Unternehmens Chatbots ein, um dem Anrufer sofort und jederzeit Basisinformationen geben zu können.

Je nach Fähigkeit des Chatbots weiß der Anrufer noch nicht einmal, dass er mit einer Maschine redet.

Durch den Einsatz dieser Technik wird viel Zeit gespart. Mehrere Anrufer können zeitgleich berücksichtigt werden. Eine Win-Win-Situation? Vielleicht. Vielleicht aber auch nicht ganz.

Wo bleiben Emotionen, Wertschätzung, wirkliche Interessen an den Bedürfnissen des Anrufers?

Die Kommunikation unterliegt einem ständigen Wandel und einer vermeintlichen Verbesserung. Egal welche Technik eingesetzt wird, bildet Kommunikation die Basis des (menschlichen) Erfolgs.

Empathische Kommunikation

Trotz aller wunderbaren Technik soll hier auf den zwischenmenschlichen verbalen Austausch konzentriert werden.

Idealerweise möchten beide Gesprächspartner, dass sie gut verstanden werden. Helfen Sie, Missverständnisse zu minimieren und verständlich zu kommunizieren.

Immer unterstellt, dass Sie sich in jeglicher Kommunikation positiv mit Ihrem Gesprächspartner auseinander setzen wollen, können Sie durch die gewählten Wörter beziehungsweise die konstruierten Sätze, Rückschlüsse auf die Gedankenwelt Ihres Gegenübers schließen.

Allerdings lassen sich die eigenen Formulierungen genauso durchleuchten. In der empathischen Kommunikation soll Klarheit herbeigeführt werden.

Klarheit schaffen

Damit kein unnötiges Quasseln entsteht, ‚klären' Sie im Folgenden:

1. Klären, was einzelne Wörter bedeuten.

- Sprechen Sie häufig in Substantiven, dann haben Sie aus einem Prozess einen Zustand gemacht.

  o Zum Beispiel: „Die Klärung liegt vor." Klärung: Fragen Sie sich selbst: „Was genau habe ich geklärt beziehungsweise was kläre ich?"

  o Ein Prozess bezeichnet eine Bewegung, eine fortschreitende oder aufbauende Vorgehensweise. Der Zustand hingegen zeigt vielmehr den stillstehenden IST-Zustand. In diesem Fall scheint es schwierig zu sein, zielorientiert zu arbeiten. Finde ich mich mit einem Zustand ab, dann erkenne ich nicht unbedingt den Bedarf, etwas zu ändern beziehungsweise anzupassen. Ganz typische Wörter sind solche, die auf ‚...ung' enden, wie: Bedeutung, Zusendung, Lieferung.

- Verben hingegen scheinen klar auszudrücken, was gemeint ist:

  o Zum Beispiel: schlafen, träumen, fliegen, schwimmen, stehen.

  o Bei genauerer Betrachtung lässt sich aber erkennen, dass ein Verb nicht eindeutig sein muss: verhandeln, reisen, speisen, essen. Sicherlich gibt es eine Vorstellung davon, was unter ‚reisen' verstanden wird. Aber eben nur eine Vorstellung. Deshalb kann die eigene Vorstellung sehr deutlich von der Vorstellung des Gesprächspartners abweichen.

- 2. Klären Sie die Bedeutung von Verben.
  - „Ich kläre das." Fragen Sie sich: „Was genau will ich klären (bis wann, mit wem, wo, weshalb usw.?)"
- 3. Klären Sie Eigenschaftswörter.
  - Was bedeutet für Sie: schön, nett, groß, teuer, ...? Sind 5 Euro viel oder wenig? Für ein Brötchen beim Bäcker sicher viel, für eine Luxus-Limousine ohne Zweifel recht wenig. Ein in Ihren Augen schönes Kleidungsstück wirkt auf einen anderen möglicherweise ausgefallen hässlich.
    - „Das war ein spannender Abschluss." Überlegen Sie, wie Sie (und Ihr Gegenüber) das Wort ‚spannend‘ definieren.
- 4. Klären Sie bei Steigerungsformen den Komparativ (mehr, größer, breiter, besser und so weiter).
  - „Sie müssen mir einfach ein besseres Angebot unterbreiten." Klären sie: „Besser als was?"
  - Immer weiter, größer, höher, schneller scheint die Devise unserer Gesellschaft zu sein. Was aber verstehen Sie unter ‚weiter‘. Nun, offensichtlich weiter als bisher. Was bedeutet das aber genau?
    - „Ich finde das Angebot einfach zu teuer." Fragen Sie sich, was Sie unter ‚teuer‘ und ‚zu teuer‘ verstehen. „Teurer als was?" oder „Teurer im Vergleich wozu?"
- 5. Klären Sie Auslassungen
  - Sprechen wir nicht manchmal in Rätseln? „Er hat gesagt." Wer ist ‚er‘? Wann hat ‚er‘ gesagt. Nur durch die Kombinationsfähigkeit des Gehirns unseres Gesprächspartners schafft dieser es (meist), sinnvoll zu ergänzen. ‚Er‘ ist der Vorgesetzte Mertens. ‚Er‘ hat gestern im Meeting gesagt. Wenn das Gehirn unseres Gegenübers allerdings anders (aus unserer Sicht ‚falsch‘ kombiniert), ist die Kommunikation gehemmt bis gestört.
    - Zum Beispiel: „Das habe ich mitgeteilt." Fragen Sie sich: „Wem habe ich etwas mitgeteilt, wann, wie und weshalb?"

6. Klären Sie Verallgemeinerungen, Generalisierungen.

- Verallgemeinerungen stimmen meistens nicht!
  - „Ich bin immer so müde." Wirklich immer? Tag und Nacht? Jede Minute des Lebens? Kaum anzunehmen, oder?
  - „Jeder hat schon mal ..." Wirklich jeder? Jeder Ureinwohner einer Pazifikinsel, jeder Inuit in Grönland, jedes Baby und jeder Senior? Sehr fraglich, oder?
  - „Telefoniere nie mit deinem Mobiltelefon in der Kirche." Wirklich nie? Was tun bei einem Unfall oder einer Katastrophe, wenn Sie einen Notarzt rufen wollen ...? An den Haaren herbeigezogen, oder?

Wirklich jeder? Hat tatsächlich jeder Mensch auf dieser Erde ...? „Na ja", mögen Sie sagen. „Natürlich nicht <u>jeder</u> – aber <u>fast</u> jeder." Dann erwidere ich: „Weshalb sagen Sie nicht gleich <u>fast</u> jeder?"

Bei Verallgemeinerungen laufen Sie Gefahr, dass Ihre Aussagen auf einen Ihrer Gesprächspartner nicht zutreffen. Diese Person fühlt sich möglicherweise ungerecht oder gar falsch behandelt. Vielleicht auch unverstanden oder übergangen. Oder sogar persönlich angegriffen. Wollen Sie das?

Weshalb dann das Risiko eingehen, einen ‚Gegner' zu haben? Abgesehen davon treffen die meisten Verallgemeinerungen eh nicht voll zu:

- „<u>Alle</u> Autofahrer sind rücksichtslos im Straßenverkehr."
- „Ich stehe <u>immer</u> um 7:00 Uhr morgens auf."
- „Ich nehme <u>nie</u> Medikamente."

Sie vermeiden mögliche Unannehmlichkeiten dadurch, indem Sie die Verallgemeinerungen mit einem einschränkenden Wort entschärfen:

- „<u>Fast</u> alle von uns haben ..."
- „<u>Kaum</u> einer würde ..."
- „<u>Fast</u> immer (sehr häufig) ..."

Sollte Ihre Aussage auf einen der Gesprächspartner nicht zutreffen, so wird dieser sich kaum persönlich angegriffen fühlen. Denn er könnte ja gerade derjenige sein, der nicht unter <u>fast</u> <u>alle</u> fällt.

Komplexität der Gesprächssituation

Betrachten Sie im zweiten Schritt die komplexe (komplex = umfassend, zusammengefasst) Gesprächssituation. Um möglichst immer auf dem gleichen oder besser noch auf demselben gedanklichen Weg zu bleiben, klären die Gesprächspartner immer wieder den IST-Stand des Dialogs.

- 7. Klären durch Wiederholen und Zusammenfassen.
  - o Fragen/sagen Sie:
    - „Ich habe bisher Folgendes verstanden"
    - „Habe ich richtig verstanden, dass ..."
    - „Meinen Sie damit, dass ..."
    - „Interpretiere ich richtig, dass ..."
    - „Ich fasse einmal zusammen. Sagen Sie mir bitte, ob ich Sie richtig verstanden habe."
  - o Sollte der Gesprächspartner anders gedacht, anders kombiniert haben, besteht jetzt die Möglichkeit, Missverständnisse gleich in der Phase der Entstehung auszuräumen.

Paraphrasieren

Paraphrasieren bedeutet das Rückkoppeln der empfangenen Nachricht mit anderen Wörtern, um Missverständnisse zu vermeiden. Die sachliche Aussage soll geklärt werden.

Redner: Zeichnen Sie DER VERSTECKTE STAHL.

Zuhörer: Ich soll ein Metall zeichnen, das geheim aufgehoben ist?

Redner: Nein, einen verborgenen Menschen, der etwas gestohlen hat.

Hätte der Zuhörer mit denselben Wörtern rückgefragt – Ich soll DER VERSTECKTE STAHL zeichnen? – dann hätte der Redner nicht erkennen können, dass der Zuhörer seine Nachricht anders deutet.

Im Gegensatz zum Paraphrasieren steht das ‚aktive Zuhören‘, das die Emotions-Ebene anspricht.

„Fühlen Sie sich wohl bei dieser Lösung?"

Stufe 2 – Gezielt eingesetzte Rhetorik

Gezielt eingesetzte Rhetorik statt Quatschen

Verstecken, manipulieren, maskieren?

Jede Philosophie verbirgt auch eine Philosophie;
jede Meinung ist auch ein Versteck, jedes Wort auch eine Maske.
Friedrich Wilhelm Nietzsche
(1844 - 1900)

Quatschen

„Rede nicht so einen Quatsch!", maßregelt die Kollegin verärgert. „Das, was du sagst, ist doch Quatsch mit Soße. Das solltest du besser wissen."

Beleidigt überkreuzt der angesprochene Kollege seine Arme vor seinem Oberkörper.

Die meisten Anwesenden stimmen innerlich der Kollegin zu. Es ist bekannt, dass der Kollege – gern auch als Quatschkopf verunglimpft – immer mal wieder unkluge, konkret: dumme, Äußerungen von sich gibt. Keiner weiß genau, weshalb er diesen Quatsch verzapft. Versucht er sich auf diese Weise zu profilieren? Es wird ihm nicht gelingen.

Die von der Arbeit nach Hause kommende Ehefrau begrüßt ihren Partner mit einem liebevollen Kuss auf die Lippen. „Na, was hast du den ganzen Tag gemacht?", erkundigt sie sich. „Och weißt du, ich habe den ganzen Tag nur Quatsch gemacht", äußert er lachend, wobei diese Aussage natürlich spaßig gemeint ist. Er meint, er habe nur harmlosen Unfug getrieben – ohne dass jemand Schaden nähme.

Das Pärchen schlendert an den Schaufenstern vorbei. Plötzlich zieht sie ihn zu einer Auslage. „Schau mal wie schön!", ruft sie aufgeregt aus. Er: „Für solch einen Quatsch gebe ich keinen Cent aus." Basta.

Kollegin Mertens äußert sich besorgt und wendet sich gleichzeitig Hilfe suchend ihrer Vorgesetzten zu. „Ich glaube, hier habe ich Quatsch gemacht. Ich bin schon quatschnass geschwitzt."

Offensichtlich ist sie unklug vorgegangen, hat sich vertan oder tatsächlich eine Dummheit, einen Fehler begangen. „Zeigen Sie mal her", forderte die Vorgesetzte auf. Bestimmt gelingt es beiden mit vereinten Kräften, den Schaden auszubügeln.

Im Beruflichen wird kein Wert auf Quatsch gelegt. Mögliche Folgeschäden sind zu riskant. Wohl durchdachte, zielorientierte Strategien werden eingesetzt.

Knallharte und der jeweiligen Situation angepasste Rhetorik wird (gnadenlos) eingesetzt.

Wer rhetorisch überzeugt, gewinnt.

Also heißt das: Feinsinnige Rhetorik einsetzen, sensibel manipulieren, locker überzeugen, fantastisch und nachvollziehbar argumentieren, humorvoll sein und trotzdem bei der Wahrheit bleiben.

Kommunikation und Rhetorik

Fälschlicherweise werden die Begriffe ‚Kommunikation' und ‚Rhetorik' hin und wieder gleichgesetzt oder verwechselt.

Das Wort Kommunikation kommt aus der lateinischen Sprache und heißt ‚communicatio', was übersetzt ‚Mitteilung' bedeutet.

Die Kommunikation bezeichnet demnach lediglich die Möglichkeit, dass Menschen (oder Maschinen oder Menschen und Maschinen) sich gegenseitig Mitteilungen zukommen lassen. Sie können Informationen hin und her schicken, um sich über alle möglichen Dinge auszutauschen.

Beim Begriff Rhetorik sollen die alten Griechen zitiert werden. Bei ihnen bedeutete ‚rhetorike' ‚Redekunst'. Redekunst, die Kunst zu reden. „Aber reden kann ich ja!", mag einer ausrufen. Ja, ja, die Fähigkeit zu reden, also sich mitzuteilen, ist bereits durch die Kommunikation abgedeckt.

Bei der richtig eingesetzten Rhetorik geht es eher darum, andere zu überzeugen, zu manipulieren, eigene Vorteile in den Vordergrund zu schieben und anderes, was in dieselbe Richtung geht.

Die Rhetorik ermöglicht es, Ironie, Humor und Zweideutigkeit in der Kommunikation einzusetzen.

Schon zur Zeit der alten Griechen war die Rhetorik ausgesprochen wichtig. Sie ermöglichte, juristisch und feinsinnig zu argumentieren, logische Schlussfolgerungen zu ziehen sowie politische und gesellschaftliche Überzeugungsarbeit zu leisten.

Auch heute gilt der Spruch: „Recht bekommt nicht zwangsläufig der, der recht hat, sondern der, der rhetorisch stark argumentiert."

Rhetorik kann unter anderem in folgende besondere Redehandlungen gegliedert werden:

- Theologische Rhetorik (Predigt); (Homiletik = Wissenschaft der Predigtkunst)
- Juristische Rhetorik (Plädoyer = Forensik)
- Akademische Rhetorik (Vorlesung)
- Didaktische Rhetorik (Lehrvortrag)

Manipulation

Wenn Sie jemanden manipulieren, dann nehmen Sie bildhaft gesprochen jemanden bei der Hand und führen ihn von A nach B. Das heißt, Sie bringen ihn in oder an der Hand haltend dorthin, wohin Sie ihn haben wollen.

Im Wort Manipulation stecken die lateinischen Wörter ‚manus‘ (Hand) und ‚plere‘ (füllen). Frei übersetzt könnte hier in der deutschen Sprache ‚Handgriff‘ oder besser ‚Kunstgriff‘ stehen.

Obwohl der Begriff Manipulation überwiegend negativ konnotiert ist, darf Manipulation erst einmal neutral betrachtet werden. Wer würde es als negativ bezeichnen, nimmt die Mutter ihr kleines Kind an der Hand und führt es sicher durch den Straßenverkehr von A nach B.

Das Kind wurde nach B ‚manipuliert‘, (in der Regel) ohne Schaden genommen zu haben.

Werbung

Jegliche Werbung ist von vornherein gleichzusetzen mit Manipulation.

Der Manipulierende betreibt die Manipulation immer bewusst. Er nimmt sozusagen den Manipulierten bei der Hand und führt ihn von der Wohnzimmercouch zur Verkaufsstelle. Dort verkauft er, was der Manipulierende verkaufen will.

Ob der Manipulierte ursprünglich etwas (ein Produkt) kaufen wollte, spielt hierbei weniger eine Rolle. Es ist die Aufgabe der Werbung, dem Manipulierten den Kaufwunsch in den Kopf zu bringen.

Der Manipulierte selbst kann sich der Manipulation bewusstwerden. In diesem Fall kann er zumindest versuchen, sich gegen die Manipulation zu wehren. Nimmt er hingegen die Manipulation unbewusst auf, hat er keine Möglichkeit, dagegen vorzugehen.

Nicht nur in der Werbung liegt Manipulation vor. Genau genommen haben die meisten Dialoge als Ziel, den Gesprächspartner zu überzeugen.

Der Zuhörer soll vom Gesagten überzeugt werden. Überzeugung und Manipulation bedeuten nicht das Gleiche.

Das Wort Manipulation erzeugt bei den meisten Hörern eher ein negatives Gefühl. Das mag daran liegen, dass sich der Mensch hilflos und willenlos der Manipulation ausgesetzt fühlt. In vielen Fällen mag das auch so sein.

Positive Manipulation?

Aber nicht immer ist sofort die Manipulation negativ zu bewerten.

Beispielsweise lobt die Mutter ihr Kind, wenn dieses etwas in ihrem Sinne umgesetzt hat. Gegebenenfalls könnte dieses Lob als Manipulation betrachtet werden, fühlt sich das Kind in seinem Verhalten doch bestärkt und wird im nächsten Fall ähnlich handeln.

Die Mutter würde aber nicht zwangsläufig behaupten, sie habe das Kind manipuliert. Sie wird eher sagen, sie habe das Kind motiviert. Ist eine Motivation nicht gleichzusetzen mit Manipulation?

Schon allein die geschickt gewählte Kleidung, das überzeugende Auftreten, die passende Wortwahl und die unterstützende Körpersprache bringen den Zuhörer in eine wohlwollende Haltung.

Sehr häufig werden statistische Angaben in den Text eingebettet. Die Menschen unserer Kultur scheinen zahlengläubig zu sein. Die genannte statistische Zahl wird in der Regel nicht hinterfragt.

Bekannterweise lässt sich die Statistik in mehreren Richtungen darstellen, sodass – unabhängig der tatsächlichen Zahlen – je nach
Wunsch des Redners diese unterstützend stark oder vernachlässi-
gend schwach dargestellt werden kann.

Gut trainierte Rhetoriker bringen hin und wieder ein Zitat einer bekannten Persönlichkeit unter. Das Zitat soll als Verstärker der eigenen Aussage gelten. Der Redner hängt sich sozusagen an die Autorität des Zitierten an.

Haben Sie schon einmal folgendes Zitat gehört: „Ich traue keiner
Statistik, die ich nicht selbst gefälscht habe." Dieses Zitat, weil es so
schön passt, wird dem britischen Premierminister Sir Winston
Churchill (1874 – 1965) untergeschoben. Angeblich hat er es in dieser Form gar nicht gesagt. Trotzdem passt es gut.

Suggestion

Schließlich sei noch auf bestimmte Fragetechniken hingewiesen, hier
speziell auf Suggestivfragen. „Sie sind doch sicherlich auch der Meinung, dass kein Geld aus dem Fenster geworfen werden soll?"

Wer will bei solch einer Frage eine andere Position einnehmen? Wohl
kaum jemand. Also wird der Frage zugestimmt und damit der Fra-
gende in seinen Ausführungen unterstützt.

Die Suggestion in der obigen Frage liegt in den Wörtern „sicherlich
auch". Sicherlich deutet darauf hin, dass der Redner ziemlich sicher
ist, was immer behauptet wird.

Auch bedeutet es unterschwellig, dass andere derselben Meinung
sind. Wenn andere schon diese Meinung vertreten, wird sie wohl richtig sein. Hier greift der Effekt der Konformität (Angepasstheit).

Die genannten Vorgehensweisen helfen, den Gesprächspartner in die
gedanklich gewünschte Richtung zu bewegen; also den eigenen Vorstellungen nach zu manipulieren.

Beeinflussung

Hier wird das Wort Beeinflussung vom Wort Manipulation abge-
grenzt. Der wichtigste Punkt mag in der Absicht des Manipulierenden

liegen, die bei der Beeinflussung nicht gegeben ist. Der Beeinflussende hat kein Interesse daran, den Gesprächspartner in seinem Sinne zum Handeln anzuregen.

Allein dadurch, dass er aktiv ist, beeinflusst er (unbewusst) den anderen. Beispielsweise: Jemand spaziert an Ihnen vorbei. Ihnen fallen die schicken Schuhe auf, die der Vorbeigehende trägt. Sie gefallen Ihnen so gut, dass Sie entscheiden, bei nächster Gelegenheit gezielt nach solchen zu suchen.

Die vorbeigehende Person muss noch nicht einmal realisiert haben, dass Sie anwesend waren. Sie hat keinerlei Interesse daran, Sie zu einem Kauf ähnlicher Schuhe zu bewegen. Beeinflusst sind Sie trotzdem.

Verhalten sich Eltern im Beisein ihrer (kleinen) Kinder höflich und freundlich untereinander, sagen an entsprechender Stelle „bitte" und „danke", dann wird das anwesende Kind beeinflusst. Es wird das Verhalten der Eltern kopieren und in den eigenen Lebensstil übernehmen. Es bedarf hier keinerlei Manipulation.

Nehmen sich die Eltern hingegen vor, im Beisein ihrer Kinder immer höflich aufzutreten, dann liegt eine Absicht der Eltern und somit sofort eine Manipulation vor. Für das Kind ergibt sich kein Unterschied, solange es die Manipulationsabsicht nicht erkennt.

Obwohl die Bereiche der Beeinflussung und Manipulation nahe beieinanderliegen, ist bei genauer Analyse ein Unterschied wahrzunehmen.

Abschließend sei gesagt, dass in der Rhetorik in der Regel davon ausgegangen werden kann, dass eine Manipulationsabsicht vorliegt.

Nudging

Was bedeutet denn nun Nudging?

Die deutsche Sprache bietet (noch) kein entsprechendes Wort für Nudging, wenn Sie nicht ‚Anschubsen' akzeptieren.

Nudging kommt aus dem Englischen ‚to nudge' und bedeutet so viel wie ‚anschubsen'.

Der menschliche ‚Schubser' (im süddeutschen auch ‚Schups') löst diesen absichtlich aus, um bewusst den Geschubsten eine Handlung ausführen zu lassen.

Der Geschubste kann sich – aufgrund des Schubsens – nicht dagegen wehren, ‚angestoßen' zu werden.

Im Gegensatz zur Manipulation – sofern der Manipulierte diese erkennt – kann sich der Betreffende im Falle des Nudgings nur bedingt wehren.

Denn: Wenn Sie jemand schubst, werden Sie in der Regel einen kleinen Schritt nach vorn gehen (ohne sich zur Seite zu bewegen), um Ihr Gleichgewicht zu halten.

Diese kleine Bewegung zeigt bereits, dass Sie eine Handlung vornehmen (müssen), allerdings im Sinn des Schubsenden.

Der Geschubste nimmt das Nudging in der Regel unbewusst wahr. Er handelt (fast zwangsläufig) und verhält sich gerne im Sinne des Schubsenden.

Beispiel:

- Die Fliege im Urinal lässt den Urinierenden gezielter vorgehen.
- Der Nudger wünscht sich dieses Verhalten.
- Der Geschubste freut sich über sein Vorgehen (da er die Fliege trifft).

Der Nudger (der Schubser) hat einen indirekten Vorteil (zum Beispiel weniger Reinigungs-Kosten).

Das ‚sich freuen über' das Geschubst-werden wird mit dem Wort ‚Lustempfinden' verknüpft. Der Geschubste folgt gerne den Vorgaben des Schubsers. Das ist psychologisch sehr interessant.

Der Geschubste gewinnt den Eindruck, dass er durch den ausgelösten Schubs jetzt selbst aktiv wird und eine positive Entscheidung trifft.

Konkret, dass sein Lustbedürfnis befriedigt wird. Und wer mag das nicht?

Überzeugung

Ein weiterer Begriff, der in der Rhetorik eine deutliche Rolle spielt: die Überzeugung.

Ein Verkäufer, der felsenfest der Meinung ist, ein hervorragendes Produkt oder eine ganz tolle Dienstleistung anzubieten, ist von seinem Produkt beziehungsweise der Dienstleistung überzeugt.

Er wird alles daransetzen, seine Ware entsprechend positiv ins Licht zu rücken und anzubieten.

Gegensätzliche Meinung

Der Kunde vertritt aber noch lange nicht die Meinung des Verkäufers. Möglicherweise hat er sogar eine gegenläufige Meinung eingenommen. Seiner Meinung nach, ist die Ware eines Mitanbieters (des Konkurrenten) vorteilhafter. Die Meinung des Kunden und des Käufers verlaufen gegensätzlich.

Die Aufgabe des Verkäufers ist es nun, den Kunden mit guten Argumenten von seiner Meinung abzubringen und den Argumenten des Verkäufers zu folgen. Gelingt ihm das, hat er den Kunden überzeugt.

Wo ist nun der Unterschied zur Manipulation? Wie oben beschrieben, ist dem Manipulierten bewusst oder unbewusst, wie mit ihm vorgegangen wird. Er muss deshalb keine gegenteilige Meinung (zur Ware) haben. Eventuell vertritt er gar keine eigene Meinung.

Bei der Überzeugung ist dem Kunden der Vorgang bewusst. Er weiß, dass der Verkäufer überzeugen will. Ist der Kunde bereit, sich aufgrund der guten Argumentation überzeugen zu lassen, wird er mit dem Ergebnis einverstanden sein und die Ware kaufen.

Wahrheit oder Lüge?

Im Bereich der Rhetorik nimmt die Überzeugung einen ganz großen Stellenwert ein. Deshalb wird auch mit allen möglichen Tricks gearbeitet.

Bedauerlicherweise wird hierbei auch manchmal an der Wahrheit vorbeigearbeitet. Anders ausgedrückt, es wird die Unwahrheit gesagt – oder noch deutlicher: Es wird gelogen.

Das kann bestenfalls solange gut gehen, solange der Gesprächs-partner die Lüge nicht erkennt. Wird der Verkäufer allerdings einmal der Lüge überführt, hat er jegliches Vertrauen verspielt und wird den Kunden späterhin kaum mehr überzeugen können.

Verschiedene Wahrheiten

Weshalb muss so oft überzeugt werden? Glücklicherweise lebt der Mensch in einer Gesellschaft, in der er seine eigenen Stärken, Wün-sche und Vorstellungen ausleben kann. Zwangsläufig treten in einer offenen Gesellschaft verschiedene Verhaltensmuster auf.

Ein Einzelner kann im Rahmen der gesetzlichen Regelungen das tun, was ihm gefällt oder/und was ihn erfolgreicher werden lässt.

Das bedeutet, dass es verschiedene, teilweise gegenläufige Meinun-gen gibt, was als richtig oder falsch zu bezeichnen ist.

Damit stehen plötzlich zwei ‚richtige' Meinungen gegeneinander. Da beide Meinungen als richtig gelten, aber trotzdem nicht deckungs-gleich sind, bauen sich Unstimmigkeiten und Unsicherheiten auf.

Da bei beiden Gesprächspartnern die Meinung vorherrscht, die ei-gene sei richtig, die andere falsch, werden beide versuchen, den an-deren von seiner Meinung zu überzeugen.

In der rhetorischen Debatte (frz. débattre = [nieder-]schlagen) sind wir in einem (freundlichen) Streitgespräch, mit dem Ziel, den ande-ren zu überzeugen.

Bei der Überzeugung wissen demnach beide Gesprächspartner, dass sie zu Beginn unterschiedliche Meinungen vertreten.

Argumentation

„Das ist doch kein Argument!" Kennen Sie diesen Vorwurf? Offen-sichtlich wurde lediglich eine Behauptung in das Gespräch eingewor-fen.

Behauptungen lassen sich im Dialog schwer beweisen. Schnell wird hier von Stammtisch-Rhetorik gesprochen. Das meint, dass jeder ir-gendetwas sagen kann, ohne die Aussage beweisen zu können und zu müssen. Jede folgende Diskussion baut demnach auf Annahmen auf.

Am Stammtisch mag das in Ordnung sein. In seriösen Gesprächen kann auf diese Art nicht zu einem vernünftigen, greifbaren oder nachhaltigen Ergebnis gekommen werden.

Für seriöse Gespräche heißt das, Abstand von Behauptungen zu nehmen. Argumente müssen her!

Starke Argumente

Ein Argument (lat. argumentum = Veranschaulichung) besteht aus einer oder mehreren Prämissen (Vordersatz) und einer Konklusion (Schlussfolgerung). Beispiel:

- 1. Prämisse: Die Deutschen sind Menschen.
- 2. Prämisse: Alle Menschen sterben.
- Konklusion: Die Deutschen sterben.

Zum Argument werden die Sätze dann, wenn sie zusammengefügt wie folgt dargestellt werden: „Die Deutschen sind Menschen und da Menschen sterben, sterben auch die Deutschen." Die Logik ist erkennbar. Das Argument stimmt.

Sind die Prämissen wahrheitsgemäß, muss aus logischen Gründen die Konklusion ebenso wahr sein.

Solche starken Argumente sind in einem Dialog schwer bis unmöglich widerlegbar. Derjenige, der mit kräftigen Argumenten arbeitet, ist demnach im Vorteil.

Auf diesen Argumenten lässt sich rhetorisch hervorragend aufbauen, um zum gewünschten Ergebnis zu kommen.

Fehlerhafte Argumente

Vorsicht, denn es kann auch Argumente geben, die nicht schlüssig und demnach auch nicht wahr sind. Beispiel:

- 1. Prämisse: Vögel können fliegen.
- 2. Prämisse: Der Kiwi ist ein neuseeländischer Vogel.
- Konklusion: Der Kiwi kann fliegen.

Das Argument könnte wie folgt ausgesprochen werden: „Da Vögel fliegen können und der Kiwi ein neuseeländischer Vogel ist, kann er fliegen."

Allerdings: Kiwis sind flugunfähig. Wo liegt der Fehler im Argument? Die erste Prämisse müsste korrekt lauten: Viele Vögel können liegen. Oder: Es gibt Vögel, die fliegen können.

Durch die leichte Ungenauigkeit in einer Prämisse, stimmt die logische Schlussfolgerung nicht mehr. Da das Argument nicht stimmt, wird der folgende Aufbau im Gespräch auf einer wackeligen, ungenauen oder gar falschen Basis beruhen.

Wahrheit plus Wahrheit gleich Unfug?

Auch das folgende Beispiel soll zeigen, dass ein Argument nicht zwangsläufig stimmen muss.

- 1. Prämisse: In Norddeutschland gibt es viele Klapperstörche.
- 2. Prämisse: In Norddeutschland werden viele Kinder geboren.
- Konklusion: In Norddeutschland werden wegen der Klapperstörche viele Kinder geboren.

Wo liegt hier der Trugschluss? Obwohl die erste Prämisse und auch die zweite korrekt sein können, dürfen sie nicht zur Konklusion führen. Beide Prämissen sind für sich richtig, zusammengenommen ergeben sie aber Unfug.

Falsche Basis – falsches Ergebnis

Ein letzter Hinweis zu diesem Thema: Manch ein geschickter Manipulator sucht sich eine Prämisse aus, die in sich schon falsch ist.

Ein Beispiel bezogen auf das Jahr 2016 in Deutschland: „Frauen haben ein durchschnittliches Gehalt von 1.527 Euro." Aufgrund dieser Aussage könnte nun diskutiert werden, dass Frauen mehr Geld zum Lebensunterhalt haben müssten als zuvor. Unabhängig ob diese Überlegung stimmt oder nicht – die Angabe in der Prämisse ist falsch!

Angeblich verdienten Frauen im Jahr 2016 in Deutschland monatlich 3.527 Euro (Quelle: absolventa.de vom 05.12.2017).

Nicht jeder erkennt in einer Diskussion sofort die fehlerhaften Angaben. Die Empfehlung lautet daher, genau zuzuhören und bei nicht belegbaren Aussagen eine seriöse Quelle einzufordern.

Auch wenn es manchmal umständlich und zeitraubend erscheint, steht das vernünftige Ergebnis des Austauschs immer noch im Vordergrund.

Rhetorische Darstellungsmethoden – Redefiguren

Im englischen Unterhaus soll die Labour-Abgeordnete Bessy Smith eines Tages Sir Winston Churchill mit den Worten unterbrochen haben: „Wenn Sie mein Mann wären, würde ich Ihnen Gift in den Kaffee tun."

Ungerührt soll Churchill erwidert haben: „Wenn Sie meine Frau wären, würde ich den Kaffee trinken."

Rhetorische Figuren, also Redefiguren, sind Stilmittel zur Ausschmückung, Verdeutlichung, Veranschaulichung und Verlebendigung der sprachlichen Aussage.

Es gibt eine Unzahl rhetorischer Darstellungsmethoden für einen Vortrag, in einer Präsentation, in einem Verkaufsgespräch und so weiter.

Richtig eingesetzte Redefiguren vermeiden ‚Gequatsche' unter die Leute zu bringen, sondern schaffen, das Kommunizierte klarer werden zu lassen.

Einige Redefiguren sind ausgewählt und in fünf Gruppen dargestellt.

- 1. Gruppe: anschauliche Redefigur
- 2. Gruppe: eindringliche Redefigur
- 3. Gruppe: spannende Redefigur
- 4. Gruppe: ästhetisch anschauliche Redefigur
- 5. Gruppe: kommunikative (den Zuhörer einbeziehende) Redefigur

1. Gruppe: Anschauliche Redefiguren

- Beispiel aus der Praxis geben
- Vergleich ziehen zu gegebenem Problem oder gegebener Herausforderung
- Metapher (Bild) zeichnen (Wetterfrosch; gemeint ist der Ansager vom Wetterbericht)
- Bildreihe aufbauen, wodurch Erinnerung geweckt wird. Dabei besonders die fünf Sinne anregen.
  - o Bildbruch vermeiden: „Wir stehen vor dem Abgrund – Lassen Sie uns einen Schritt nach vorne gehen."
- Assoziation (Vorstellungsverknüpfung) malen
  - o zum Beispiel steht ‚Loch' für ‚dunkel'
- Narration (Erzählung) schildern
- Anekdote (auch direkte Rede) erzählen

2. Gruppe: Eindringliche Redefiguren

- Wiederholung (ruft Erinnerungen wach)
  - o Manipulierte Wiederholung (zum Beispiel durch gezielte Wortwahl)
    - knapp 100 Menschen (also <u>weniger</u> als 100, bedeutet wenig, gleichzusetzen mit negativem Bild)
    - fast 100 Menschen (also <u>beinahe</u> 100, bedeutet viel, gleichzusetzen mit positivem Bild)
  - o Stereotype Wiederholung (immer dieselbe Wiederholung)
    - Etwas wird immer und immer wieder wiederholt, wobei es noch lange nicht zur Wahrheit wird.
    - Zitat: ‚Behauptung ist nicht Beweis': William Shakespeare, (1564 – 1616)
  - o Quantitative Multiplikation (auf die Anzahl der Menschen bezogen)
    - „Kaum einer hat widersprochen."

- „Die meisten sind dafür."
- Qualitative Verstärkung (auf ‚Autorität' beziehen)
  - Medien (Zeitung) bemühen
  - Autorität (Zitat) erwähnen
  - Wissenschaft (Tests), Statistik angeben
- Wörtliche Wiederholung (wie bei Ausrufen)
  - „Keiner, wirklich keiner ..."
  - „... dann, nur dann ..."
- Variierte Wiederholungen (selber Inhalt, neue Gestaltung der Aussage)
- Teilwiederholung (Anaphora)
  - „Ich behaupte erstens, zweitens, ..."
- Erweiterte Wiederholung (Geminatio)
  - „Ich behaupte erstens, ich behaupte bewusst erstens ..."
- Wiederholung Schlusswörter eines Satzes (Epiphora)
- Raffung (Zusammenfassung in wenigen Sätzen)
- Ausruf
- Zitat
- Kreuzstellung (Chiasmus)
  - „Geld ausgeben ist leicht, Geld einnehmen hingegen schwer."
- Verdeutlichung (Correctio)
  - „Ich habe ihn gebeten, nein, ich habe ihn aufgefordert."

3. Gruppe: Spannende Redefiguren

- Steigerung (Klimax)
  - Zeitliche Steigerung
    - „Heute ... morgen ... übermorgen."
    - „Erst ... dann ... schließlich."

- Gegensatz (Antithese)
  - Gegenpaar:
    - „Die Liebe ist ideal, die Ehe real.“
    - „Vater werden ist nicht schwer, Vater sein hingegen sehr.“
  - Begriffspaar:
    - Vorteile – Nachteile
    - damals – heute
    - Absicht – Ergebnis
  - Kontraste:
    - schwarz – weiß
    - positiv – negativ
    - Einzelner – Alle
- Kette
  - Eines baut logisch auf das nächste auf.
    - A weil B, B weil C
- Vorbehalt – Verzögerung (retardierendes Moment)
  - Spannung wird aufgebaut.
    - „Sag‘ ich gleich.“
- Überraschung (Sustentio)
  - Ein ‚Aha – Erlebnis‘ wird erzeugt.
    - „Alle tun’s – ich nicht.“
- Ankündigung (Hinweis – Ziel)
  - Auch hier wird eine Spannungskurve aufgebaut.
    - „Sie werden staunen. Ich will …“
- Auslassung (Ellipse)
  - Es erfolgt die Raffung einer Gedankenfolge.
    - „Ich … auf dem Markt … solche Kürbisse …“

4. Gruppe: Ästhetisch anschauliche Redefiguren

- Scheinwiderspruch (Paradoxon)
  - „Keine Antwort ist auch eine."
- Schönfärbung (Euphemismus)
  - Etwas wird ‚harmloser' dargestellt als es in der Wirklichkeit ist.
    - „Freisetzung von Mitarbeitern" = Kündigung
    - „Reichskristallnacht" = Zerstörung und Plünderung jüdischen Eigentums vom 9. auf den 10.11.1938
- Wortspiel
  - „Come in and find out", Douglas: Falsch übersetzt: „Komme rein und finde [wieder] raus", sondern: „Komme rein und finde (suche) etwas aus."
  - „Solange sie mich nicht ansprach, sprach sie mich an. Als sie mich aber dann ansprach, sprach sie mich nicht mehr an." (Gotthold Ephraim Lessing, 1729 – 1781)
- Anspielung (Allusion)
  - (Fast) jeder weiß, was gemeint ist: Magnum – Eis
- Ähnlichkeit (Analogie)
  - Computer – Gehirn
- Umschreibung (Paraphrase)
  - „Die da oben." (zum Beispiel die Geschäftsführerebene)
  - „Im Land wo die Zitronen blühen."
- Übertreibung (Hyperbel)
  - Dramatik aufbauen.
  - Übertreibung muss deutlich erkennbar sein. „Millionen von Menschen säumten den Straßenrand …"
- Vermenschlichung (Anthropomorphismus, Personifikation):
  - Eine Sache wird einem Menschen gleichgesetzt. „Der Motor hustete und prustete."

5. Gruppe: Kommunikative Redefiguren

- Einschub/Einflechtung einer kleinen Zwischenbemerkung
- Vorgriff/Einwand – Vorausnahme (Prolepsis)
  - o „Sie werden Bedenken haben."
- Scheinfrage/rhetorische Frage
  - o Die Frage könnte vom Zuhörer beantwortet werden, wird aber tatsächlich vom Redner selbst beantwortet.
- Mitverstehen (Synekdoche)
  - o Die Hörer wissen, worum es geht.
  - o Berlin und USA stimmen überein.
  - o Karlsruhe statt Bundesgerichtshof.

Bei der Wahrheit bleiben – Lügen vermeiden

Im bisherigen Text wurde schon einige Male auf Lügen hingewiesen. Es ist wissenschaftlich nachgewiesen, dass ein Mensch sehr häufig, angeblich bis 200-mal am Tag lügt.

Selbstverständlich lässt sich diskutieren, was als Lüge zu werten ist. Wenn dem Nachbarn ein „guter Tag" gewünscht wird, kann dies als Floskel (Lüge?) oder als tatsächlicher Wunsch (Wahrheit?) gedeutet werden.

Als Lüge ist auch zu betrachten, wenn jemand etwas nicht sagt, beziehungsweise die Wahrheit verschweigt.

Wer wird in einem Bewerbungsgespräch tatsächlich 100-prozentig ehrlich sein? Wohl jeder wird versuchen, sich im besten Licht darzustellen.

Dabei werden die Schwachstellen oder dunklen Flecken auf der weißen Weste wohlüberlegt verschwiegen.

Lügen im Dialog?

Je ehrlicher ein Mensch ist, desto angreifbarer wird er. Das muss klar sein und das muss er mit sich selbst ausmachen. Will er sich hinter rhetorischen Lügengebilden verstecken oder möglichst nahe an der Realität bleiben?

Wie dem auch sei, jeder soll selbst entscheiden, wie er mit Wahrheit und Lüge umgeht. In einem Dialog mit einem Gesprächspartner erwarten beide allerdings, nicht angelogen zu werden. Hier entsteht ein Dilemma: Weiß jeder doch, dass gelogen wird und erwartet gleichzeitig, die Wahrheit zu hören.

In der Tat möchte der Einzelne das Gefühl gewinnen, dass ehrlich und offen mit ihm umgegangen wird. Er hat nichts dagegen, wenn sein Gegenüber auf die eine oder andere Schwachstelle seines Produktes hinweist. Das stärkt möglicherweise sogar seinen ‚Glauben‘ an die gegebenen Informationen.

Grundsätzlich lässt sich sagen: Je ehrlicher miteinander umgegangen wird, desto eher wird es zu einer zufriedenstellenden Zusammenarbeit beziehungsweise zu einem guten Ergebnis kommen.

Die neue Technik der Kommunikation mithilfe von Maschinen (Chatbots) wird in Zukunft Lügen – oder sagen wir unterschiedliche Aussagen – relativ schnell entlarven können. Spätestens dann, wenn auf die Daten anderer Systeme zugegriffen werden kann.

Dann lässt sich schnell ablesen, ob Aussagen deckungsgleich sind.

Als Empfehlung gilt, trotz aller Einschränkungen, Bedenken und Rücksichtnahmen auf andere, möglichst nahe an der Wahrheit zu bleiben. Je ehrlicher und ‚sauberer‘ ein Mensch auftritt, desto mehr baut er Vertrauen bei anderen Menschen auf.

Vertrauen aufbauen

Zum Aufbau einer privaten wie auch einer gesellschaftlichen Beziehung hilft gegenseitiges Vertrauen bei der Kommunikation. Vertrauen kann weder einfach befohlen noch erwartet werden.

Babys und Kleinkinder haben volles Vertrauen zu ihren Eltern. Dieses Vertrauen ist notwendig, um überleben zu können. Das Baby und das Kleinkind könnten ohne die Unterstützung der Eltern nicht am Leben bleiben.

Die Natur hat es deshalb geschickterweise so eingerichtet, dass das Baby von Beginn des Lebens an 100-prozentiges Vertrauen (unbewusst) schenkt.

Nach einigen Jahren des Heranwachsens merkt das Kind, jetzt Jugendlicher, dass jede Medaille zwei Seiten hat.

Der Jugendliche beginnt, sich seine eigene Wahrheit aufzubauen. Um später im Leben existieren zu können, muss er sich früher oder später von seinen Eltern abnabeln.

Einigen Kinder-Eltern-Beziehungen gelingt es, das Vertrauen gut ins Erwachsenenleben zu transportieren. Diese Personen dürfen sich glücklich fühlen.

Vertrauensvolle Kommunikation

Treffen zwei Fremde aufeinander, kann keiner der beiden anfangs wissen, ob er dem Gegenüber vertrauen an.

Vorsichtig wird sich ‚angetastet' und rhetorisch feinfühlig genähert.

Findet einer den anderen sympathisch, baut sich nach und nach Vertrauen auf. Es lässt sich sagen, dass der Mensch dem anderen Vertrauen schenkt. Im Idealfall soll es umgekehrt natürlich auch so geschehen.

Je mehr die beiden einander vertrauen, desto offener und ehrlicher können sie miteinander umgehen.

Vorsicht: Wird einmal das entgegengebrachte Vertrauen missbraucht, kann das einen tiefen Riss in der Beziehung geben. Unter Umständen dauert es Jahre, bis dieser Riss wieder gekittet ist. In den meisten Fällen bleibt eine Narbe.

Das gebrochene Vertrauen kann sogar die Auflösung der Beziehung bedeuten. Alles was vorher gut, angenehm und lebenswert war, hat nun an Bedeutung verloren. Das zeigt den hohen Stellenwert des Vertrauens.

Wahrheit und Vertrauen liegen nahe beieinander. Ist Wahrheit gegeben, baut sich Vertrauen auf. Erkannte Lügen zerbrechen dies wieder.

Also: Bleiben Sie nahe bei der Wahrheit, bauen Sie Vertrauen auf.

Vorteile suchen

Bei der Überzeugung und generell in der Rhetorik, werden Vorteile gesucht, um den Zuhörer im Sinne des Redners zum Handeln zu bewegen.

Bei allem, was der Einzelne sagt oder tut, darf unterstellt werden, dass die Handlung erfolgt, um einen eigenen Vorteil zu erzielen. Das klingt recht extrem, wird doch der Eindruck vermittelt, nur von Egoisten umgeben zu sein. Ja, vielleicht ist es so.

Kennen Sie den Spruch „mir ist das Hemd lieber als die Hose (früher: der Rock)"? Die Bedeutung dieser Redewendung ist, dass einer Person die eigenen Interessen wichtiger sind als die der anderen. Angeblich gibt es in dieser Form geäußerte Gedanken bereits bei den alten Römern.

Muss die Überlegung (deshalb) negativ sein? Nein. Und weshalb? Nun, immer wieder aus demselben Gedanken heraus. „Wichtig ist, dass zuerst einmal ich überlebe. Dann habe ich auch die Zeit und Kraft, andere zu unterstützen."

Jegliche Handlung, auch wenn sie nicht sofort deutlich wird, lässt sich auf dieser Aussage aufbauen. Ja, für den einen oder anderen mag das negativ klingen – aber wie will der Einzelne einem anderen helfen, wenn er selbst nicht mehr dazu in der Lage ist?

Gesunder Egoismus

Der gesunde Egoismus ist notwendig, um selbst erfolgreich zu werden.

Derjenige der Macht, Status und Erfolg besitzt, kann einen Teil davon anderen abgeben.

Das klingt sehr theoretisch, ist aber im einzelnen Falle (zum Beispiel bei älteren Menschen ihren Kindern gegenüber) zu beobachten.

Altruismus

Unterschwellig wird in den meisten Fällen eine Gegenleistung erwartet. „Ich gebe dir etwas, demnach gibst du mir auch etwas."

Heißt das, dass ein Einzelner nicht geben kann ohne eine Gegenleistung zu erwarten?

Das Gegenwort zu Egoismus lautet Altruismus. Altruismus bedeutet, dass die eigenen Interessen in den Hintergrund gestellt werden. Genau genommen sind die eigenen Interesse egal.

Schenkt die Oma dem Kind eine Tafel Schokolade, lässt sich die Oma in Gedanken sagen hören: „Ich gebe gerne, ohne eine Gegenleistung zu erwarten."

Ist das so? Überlegung: Das Kind nimmt die Schokolade und dreht sich wortlos weg. Wäre der Oma das egal? Oder würden Sie denken/sagen: „Das Kind hätte ja ,Danke' sagen können."

Ach! Also wird doch eine Gegenleistung erwartet? Auch wenn die Gegenleistung nur aus dem Wort ,Danke' besteht. Demnach liegt hier keine altruistische, sondern eine egoistische Handlung der Oma vor.

Ehrenamtlichen Helfern, die in Kriegsgebiete oder Hungerregionen reisen, um Hilfsbedürftige zu unterstützen sei alle Wertschätzung gegeben.

Hören Sie einen Helfer, der äußert: „Der Glanz in den Augen der Bedürftigen ist mir Lohn genug", könnten Sie die oben geäußerten Gedanken zum Altruismus/Egoismus übertragen.

Liebe Leserin, lieber Leser, wohl wissend, dass der Themenbereich um Egoismus/Altruismus sensibel sein kann, soll er hier doch möglichst ohne Vorurteile beleuchtet werden.

Mit diesen Überlegungen soll lediglich darauf aufmerksam gemacht werden, dass das individuelle Vorgehen – vielleicht zwangsläufig – dazu dient, weiterleben, also überleben zu können.

Ist es demnach jemandem zu verübeln, wenn er seine Vorteile sucht? Nein! Die hiesige Gesellschaft scheint genau nach dieser Vorgehensweise aufgebaut zu sein. Vorwärtskommen, weiterentwickeln, erfolgreich werden.

So soll die Überschrift ,Vorteile suchen' erweitert werden in ,Vorteile suchen und (aus-)nutzen'. Dabei soll nicht übertrieben werden und schon gar nicht sollen bei der Suche nach eigenen Vorteilen andere physisch oder psychisch verletzt werden.

Ironie, Humor und Zweideutigkeit

Robotern wird die Fähigkeit beigebracht, mit dem Menschen kommunizieren zu können. Sobald das gelingt, wird von Künstlicher Intelligenz gesprochen.

Zurzeit gibt es noch eine Unterscheidung zwischen schwacher und starker Künstlichen Intelligenz. Die aktuell erreichte schwache Stufe greift bei allen Spracherkennungssytemen, digitalen Assistenten und Chatbots.

Kommunikativer Austausch mit einer Maschine

Der Mensch hat die Möglichkeit, mit diesen Systemen zu sprechen. Er unterliegt der Annahme, sich mit einem intelligenten Wesen austauschen zu können.

Trotz aller technischen Errungenschaften erreichen die aktuellen Systeme schnell den programmierten Horizont. Sie können nämlich immer nur in der vorgesehenen, das heißt programmierten Ebene kommunizieren.

Wird ein Chatbot nach seinem Hobby gefragt, ist es ihm nicht möglich, vernünftig, geschweige denn wahrheitsgemäß zu antworten. Entweder gäbe er eine vorprogrammierte ausweichende Antwort oder er müsste dem Nutzer mitteilen, dass er die Frage nicht versteht.

Viel interessanter wird es – im Sinne der Rhetorik – wenn in das Gespräch Ironie, Humor oder Zweideutigkeit gestreut wird. Mit Aussagen wie „du bist mir aber ein schlimmer Finger" könnten die Systeme aktuell nicht umgehen.

Wie soll denn ein System reagieren auf die vermeintlich böse Drohung „wenn du das noch einmal machst, setze ich dich vor die Tür"?

Forscher, Wissenschaftler und Entwickler gehen davon aus, dass es nur eine Frage der Zeit ist, bis Systeme diese Fähigkeit haben werden.

Dann würde von starker Künstlicher Intelligenz gesprochen werden können. Nämlich dann, wenn das System genügend Einfühlungsvermögen in den menschlichen Gesprächspartner entwickeln kann.

Nicht nur die Deutung, wie es dem Dialogpartner gerade geht. Sondern tatsächlich auch die feinen Zwischentöne und Doppeldeutigkeit, die einem Gespräch erst die gewünschte Würze verleihen.

Dialog auf verschiedenen Ebenen

Glücklicherweise ist im Moment der Mensch der Maschine in diesen Punkten noch weit voraus. Er hört an der Stimme des Gesprächspartners, ob dieser eine Aussage ernst meint oder vielleicht sogar genau das Gegenteil ausdrücken will.

Nicht nur die Stimme spielt hierbei eine Rolle, sondern auch die Betonung, die komplette Haltung des Körpers. Was verrät in diesem Zusammenhang die Stellung der Augen? Lächelt der Gesprächspartner gerade und so weiter.

Eine Aussage – vier Deutungen

Ein Dialog läuft auf vielen verschiedenen Ebenen ab. Dazu gehört einmal, dass eine gemachte Aussage verschieden gedeutet werden kann.

Der deutsche Kommunikationswissenschaftler Friedemann Schulz von Thun (*1944) hat in seinem Sender-Empfänger-Konzept (Kommunikationsquadrat) diese Komplexität deutlich gemacht.

Beispiel: A und B sitzen zusammen am selben Tisch. A sagt: „Mir ist kalt.". B hat nun verschiedene Möglichkeiten, diese Aussage zu verstehen. Je nach Verständnis wird er gegebenenfalls unterschiedlich reagieren.

- 1. Deutung: Die reine Sachinformation, dass es A kalt ist. Sachinhalt – es erfolgt keine Reaktion von B.

- 2. Deutung: Die gehörte Aufforderung, ein Fenster zu schließen, die Heizung aufzudrehen oder eine Jacke für A zu besorgen. Appell – B wird aktiv, indem er das Fenster schließt, die Heizung hochstellt oder eine Jacke besorgt.

- 3. Deutung: Du kümmerst dich zu wenig um mich. Beziehung – hier wird auf die zwischenmenschliche Beziehung zwischen A und B aufmerksam gemacht. In diesem Falle ist eine Art Vorwurf zu hören. Nämlich, dass B sich nicht genügend um das Wohlbefinden von A kümmert.

- 4. Deutung: Hier gibt A einen Hinweis zu sich selbst. Selbstoffenbarung – A gibt etwas von sich preis, eine Stimmung zum Beispiel, oder dass A ein kälteempfindlicher Mensch ist.

Dummerweise kann B nicht wissen, welche der vier Varianten von A tatsächlich gemeint ist.

Dementsprechend verhält er sich seiner Deutung nach, was eine 3:1 Chance ergibt, sich zu vertun. Möglicherweise bahnt sich daraufhin ein Konflikt an, der in einer bösen Streitigkeit enden kann.

Weshalb? Nun, weil alle Antworten von B ja auch wieder auf diesen 4 Kanälen verlaufen können. Wir könnten fast annehmen, dass es einem kleinen Wunder gleichkäme, könnten sich beide Gesprächspartner eindeutig und 100-prozentig verstehen.

Akzente setzende Zwischentöne

So viel also zu diesen Schwierigkeiten. Noch einmal zum Humor oder zur Ironie. Manch einer findet ein Gespräch abwechslungsreich und lustig, ist es mit einer Prise Humor versehen.

Andere gehören eher zur Variante der ‚trockenen‘ Typen, die auf diese Zwischentöne verzichten wollen.

Geht jemand mit Ironie ins Gespräch, kann er nicht wissen, wie das Gegenüber reagiert, besonders dann, wenn er erstmals mit ihm/ihr zu tun hat. Deshalb tut er gut daran, erst vorsichtig auszuloten, wie Humor-affin der Gesprächspartner ist.

Im schriftlichen Text zeigte sich in der Vergangenheit bereits, dass bestimmte humorvoll gemeinte Informationen nicht erkannt werden konnten.

So kam der US-amerikanische Informatikprofessor Scott Elliot Fahlmann (*1948) im Jahr 1982 auf die Idee, Smileys zum besseren Verständnis einzufügen.

Das war ein sehr kluger Schachzug, sehen wir auch heute noch den sehr starken Einsatz von Smileys, Emoticons und anderen Figürchen.

Planung – Qualität

Wer die oben genannten Punkte berücksichtigt und verinnerlicht hat, wird sich selbstbewusst, authentisch und leichtfüßig in den vielen Schichten der Rhetorik bewegen können.

Minimalziel und Maximalziel

Bei allen Techniken bedarf es trotzdem einer gewissen Planung des Gesprächsverlaufs, um optimal an die gesteckten Ziele zu kommen. Damit die Planung vorgenommen werden kann, muss das Gesprächsziel im Vorfeld festgelegt werden.

Was wollen Sie mit dem Gespräch erreichen? Fachleute raten dazu, ein Minimalziel und ein Maximalziel zu definieren. Angestrebt wird selbstverständlich das Maximalziel.

Allerdings hat der Gesprächspartner seine eigenen Ziele, die er erfüllt sehen will. So bleibt es nicht aus, dass manchmal ein Kompromiss eingegangen oder vom Maximalziel etwas abgewichen werden muss.

Deshalb ist es sinnvoll, dass Minimalziel zu kennen. Unter dem Minimalziel sollte nicht auseinandergegangen werden. Es stellt das Minimum dar, was im Gespräch erreicht werden soll.

Selbstverständlich lässt sich mit dem erreichten Minimalziel leben. Besser ist es natürlich, wenn Ihr Ergebnis nahe dem Maximalziel liegt oder dieses sogar 100-prozentig erreicht wird.

Wohlüberlegte und realistische Zielsetzung

Aufgrund der logischen Vorgehensweise wie auch der emphatischen Fähigkeiten hat der Mensch die Möglichkeit mithilfe seiner Planungen zum gewünschten Ergebnis zu kommen.

Das planerische und strategische Vorgehen erfordert eine Zielsetzung.

Diese Zielsetzung kann kurzfristig, mittelfristig und langfristig sein. Ziele bauen gegebenenfalls aufeinander auf.

Damit die gesteckten Ziele erreicht werden können, müssen sie trotz allem realistisch bleiben.

Werden die gesteckten Ziele überanstrengt und können aus vorhersehbaren Gründen nicht erfüllt werden, sollten sie von vornherein nicht als Ziele angesehen werden. Alles muss in festgelegter Zeit umsetzbar sein.

Bei jeglicher Vorgehensweise sollte berücksichtigt werden, dass sich ein Gesprächspartner nicht gerne als Verlierer eines Dialogs sehen will.

Deshalb ist es anzustreben, so aus einem Dialog hervorzugehen, dass beide Gesprächspartner das Gefühl haben, einen Vorteil gewonnen zu haben. In diesem Falle kann von einer Win-Win-Konstellation gesprochen werden.

Beide können als Gewinner nach Hause gehen. Gratulation!

Reflexion

Die Gesprächsvorbereitung und die Umsetzung wurden erläutert. Was geschieht danach? Oft überhaupt nichts mehr. Das Geschäft ist erledigt; so scheint es keinen Grund zu geben, sich weiterhin Gedanken über das Geschehene zu machen.

Ist das sinnvoll? Nicht unbedingt. Nach jedem Austausch, besonders dann, wenn es ‚wichtige‘ Gespräche waren, sollte eine Art Nacharbeit erfolgen.

Das bedeutet, dass Sie das Gespräch noch einmal vor dem inneren Auge sehen und mental durchlaufen. Betrachten Sie sozusagen das Gespräch von außerhalb, damit Sie die Möglichkeit haben, Ihr eigenes Handeln zu beobachten.

Optimierungsbedarf festhalten

Analysieren Sie Ihre Vorgehensweise. An welchen Stellen könnten Sie bei vergleichbaren Gesprächen noch etwas punkten? Wo haben Sie sich rhetorisch zu schwach dargestellt? Haben Sie auf alle Argumente Ihres Gesprächspartners optimal reagiert?

Es kann nicht schaden, wenn Sie sich einige Notizen machen. Auf diese können Sie bei Bedarf zurückgreifen. Außerdem können Sie möglicherweise eine Weiterentwicklung Ihrer rhetorischen Fähigkeiten feststellen.

Abgeschlossen wird diese Stufe mit der Erkenntnis, dass das rhetorische Vorgehen unglaublich vielfältig ist. Wer sich hier trainiert, zeigt Untrainierten gegenüber einen deutlichen Vorteil. Dem Erfolg sind alle Türen geöffnet.

Zig Menschen trainieren täglich in ihrer Sportart oder für ihr Hobby. Alle möglichen Aktionen haben eines gemeinsam: besser werden zu wollen.

Wie sieht es beim Einsatz der Rhetorik aus? Wo bleibt hier das tägliche und sinnvolle Training? Sich hierin zu trainieren und weiterzuentwickeln ist allemal empfehlenswert.

Gutes Gelingen!

Stufe 3 – Aufbau des persönlichen Profils

Aufbau des persönlichen Profils statt Quengeln

Aktiv werden, bewegen, wachsen

Wer die Welt bewegen will, sollte erst sich selbst bewegen.
Sokrates, gr. Philosoph
(470 - 399)

Quengeln

Das kleine Kind wird im Einkaufsmarkt von der Mutter regelrecht durch die Regalreihen gezogen. Widerwillig und jammernd zeigt es seinen Unwillen.

Richtig kritisch wird es, als sie sich dem Bereich mit den Spielzeugen nähern. Das Kind erblickt von weitem schon einen gewünschten Artikel, versucht sich aus der Hand der kräftig zupackenden Mutter zu winden und schreit ohrenbetäubend aus: „Das will ich!" Mit der freien Hand zeigt es auf das Produkt seiner Wünsche.

„Nein, das bekommst du nicht!" Die Worte der Mutter sind kategorisch und eindeutig, was das Kind allerdings nicht im mindesten beeindruckt.

„Ich will das aber haben", quengelt es. Es heult nun so furchteinflößend, dass besorgte Kunden einen kritischen, teils vorwurfsvollen oder fragenden Blick auf die Mutter richten.

Das Kind weint nun leiser aber deutlich anklagend vor sich hin. Da es keine Reaktion der Mutter spürt, wird es wieder etwas lauter. Ungeduldig ein letzter Versuch: „Mama, du weißt doch, ich will das haben."

Alles Drängeln bringt dem Kind keinen Erfolg, sodass es noch einige Minuten vor sich hin weint. Das Kind hat gelernt: Quengeln bringt diesmal nichts.

Hin und wieder ist ein vergleichbares Quengeln auch beim Erwachsenen zu hören. „Immer bekomme ich die unangenehmste Arbeit zugewiesen", wobei diese Anklagen der Aussage in weinerlichem Ton vorgetragen wird.

Nicht zu laut – aber doch so, dass es die Anwesenden verstehen können. Ziel: Eine angenehmere Arbeit auferlegt zu bekommen.

„Immer muss ich den Müll raustragen", jammert der bedauernswerte Jungverheiratete. Er hofft insgeheim auf einen kleinen, tröstenden Austausch. „Dafür darfst du dann ...", lockt die, das quengelnde Verhalten ihres Mannes durchschauenden Taktik, liebevolle Ehefrau. Eine Belohnung ist in Aussicht gestellt. Es gibt keinen Grund mehr zu quengeln.

Quengeln, weinerliches Klagen beziehungsweise Anklagen, findet in der ‚harten' beruflichen Welt keinen Platz. Nur weil sich jemand benachteiligt fühlt, darf er nicht auf einen ‚Ausgleich' hoffen. Die Gesellschaft, besonders die berufliche Business-Welt erwartet starke, kräftige Persönlichkeiten.

Menschen, die sich ihrer Stärken bewusst sind. Personen, die wissen wie sie sich optimal ‚verkaufen' können. Leute, die ein deutliches, unverwechselbares Profil zeigen.

Also heißt das: Aktiv werden, Einzigartigkeit darstellen, Besonderheiten zeigen, aus der Masse ragen.

Aus der Masse ragen

Die dritte Stufe des besprochenen Themenkomplexes ist erreicht.

Die Basis der Kommunikation ist verstanden, der geschickte Einsatz der Rhetorik wird berücksichtigt. Fachlich ist alles geklärt.

Nun gilt es, sich zu profilieren.

Image-Arbeit

Für die meisten Unternehmer und Selbstständigen stellt sich die Frage überhaupt nicht, für ihre Arbeit oder Dienstleistung Werbung zu betreiben.

Wie sieht es mit der Werbung in eigener Person aus? Es mag zwar nicht jedem liegen, Öffentlichkeitsarbeit in eigener Sache zu betreiben – wichtig ist sie trotzdem.

Beschäftigte, die in ihrem Büro verschwinden und tagelang nicht gesehen werden, werden nach und nach vergessen. Demnach werden sie bei Beförderungen gegebenenfalls übersehen.

Das soziale Netzwerk hilft, sich in Erinnerung zu bringen. Das Sommerfest, die Weihnachtsfeier, ein Team-Building-Wochenende bieten fantastische Möglichkeiten, die eigene Persönlichkeit darzustellen.

Diese Events helfen zu zeigen: „Ich bin hier – ich bin ein netter, sympathischer Mensch, mit dem gesprochen und gelacht werden kann."

Deshalb sollten auf solchen Veranstaltungen berufliche Dinge, soweit es geht, in den Hintergrund treten.

Auch in firmeninternen Newslettern lassen sich sehr gut Informationen über sich selbst darstellen, die über das Berufliche hinausgehen.

Auf den sozialen Plattformen lassen sich die menschlichen, die sozialen Fähigkeiten, die Einstellung zum Leben, das Positive, Humorvolle vermarkten.

Wer austauschbar ist, wird ausgetauscht. Demzufolge muss ein Alleinstellungsmerkmal klar herausgestellt werden.

Was können Sie beruflich besonders gut, was der andere nicht kann? Zeigen Sie Flexibilität und Einsatzbereitschaft – lassen Sie sich dabei aber nicht ausnutzen. Klar gesteckte Ziele helfen, den angestrebten Weg erfolgreich zu gehen.

Orientierungspunkte geben

Egal wie gut Sie in einem ausgesuchten Bereich sind: Wenn alle anderen genauso gut wie Sie sind, können Sie sich nicht abheben. Ihre Mitbewerber und Sie selbst sind gleich (gut).

Sollte das Ergebnis als Zeichnung dargestellt werden, ergäbe sich eine waagerecht gezeichnete Linie. Schauen Sie der Linie entlang in die eine oder in die andere Richtung – was sehen Sie? Nichts – beziehungsweise immer den gleichen Linienverlauf. Langweilig und eintönig.

Wie will bei solch einer Situation eine interessierte Person genau Sie herausfinden? Sie hat keine Orientierungspunkte, wo Sie zu finden sind.

Präsenz zeigen

Was tun? Zumindest ist das theoretisch ganz einfach. Zeigen Sie Profil! Steigen Sie aus der Masse aus! Zeigen Sie Ihre Präsenz! Demonstrieren Sie Ihre Stärke, machen Sie auf sich aufmerksam!

Was geschieht dann mit der waagrechten Linie? Sie wird einen Zacken oder eine Spitze nach oben aufzeigen. Irgendwo auf der Linie – vielleicht in der Mitte – ragt die Linie ein Stück nach oben. Ein Profil ist erkennbar. Sie zeigen jetzt Profil, ragen nun sichtbar aus der Masse.

Ein Suchender – ein Interessierter – wird Sie nun auf der Stelle wahrnehmen. Die Suche nach Ihnen entfällt, da Sie sofort erkennbar sind.

Zur ergänzenden Information sei erwähnt, dass die Spitze auch nach unten zeigen kann; das Bild eines negativen Profils entsteht. Das soll natürlich nicht Ihr Ziel sein.

Noch ein Hinweis: Sollten nun alle anderen gleichartig vorgehen und in ihrem Bereich ebenso Profil zeigen, ergäbe sich eine Linie mit zig Zacken nach oben. Die oberen Spitzen wären alle gleich hoch. Was würde das bedeuten? Nun, alle würden wieder in der Masse untergehen.

Eingangs wurde bereits darauf hingewiesen: Egal wie gut Sie sind – sind es gegebenenfalls auch andere. Es entsteht wieder die diffuse Masse, in der Sie verschwinden.

Daraus folgt: Ständig an der eigenen Darstellung arbeiten, um nicht unterzugehen, sondern sichtbar zu bleiben.

Besonderheiten und Einzigartigkeit

Kinder, die einfühlsame Eltern haben, werden immer mal wieder von diesen hören: „Du bist etwas ganz Besonderes." Die Eltern heben das Kind aus der anonymen Masse hervor.

Werden diese Äußerungen vernünftig eingesetzt, wird das Kind ein gesundes Selbstbewusstsein entwickeln können.

Auf der Welt gibt es fast 8 Milliarden Menschen. Alle 8 Milliarden sind Menschen – demnach gleich.

Sie bilden die Masse der Menschen. Aus dieser unendlich groß wirkenden Masse ist es die Aufgabe des Einzelnen zu zeigen, was er ist, was er kann und was er hat.

„Was macht Sie aus?"

In Bewerbungssituationen stellt der Interviewer dem Kandidaten gerne einmal eine Frage, die so oder ähnlich lautet: „Was macht Sie aus?" Oder: „Was mögen Ihre Freunde besonders an Ihnen?"

Hier wird nach dem Profil des Kandidaten gefragt. Der Interviewer möchte dieses Profil gerne erkennen. Natürlich will er auch feststellen, in wie weit sich der Kandidat über sich selbst und seine Stärken Gedanken gemacht hat.

Jeder ist besonders

Es darf vorausgesetzt sein, dass jedes Individuum und damit jeder Einzelne seine Besonderheiten hat und einzigartig in seiner Persönlichkeit ist.

Aufgrund seines sozialen Umfeldes, seiner Familie und seiner Freunde, seiner gesammelten Erfahrungen und vieler anderen Einflüssen mehr, hat er eine Entwicklung über die Jahre hinweg genossen, die anders ist als bei allen anderen Menschen dieser Welt.

Mancher Kandidat antwortet nun im Interview: „Darüber habe ich mir noch nie Gedanken gemacht." Oder: „Das ist eine gute Frage." Oder: „Das müssen Sie andere fragen." Das sind sicherlich keine vernünftigen Antworten. Ein Profil ist hier nicht feststellbar.

Es darf davon ausgegangen werden, dass der Kandidat sich an einem anderen Arbeitsplatz bewerben muss. Welcher Arbeitgeber stellt gerne jemanden ein, der seine eigenen Stärken nicht benennen kann?

Demnach ist es sinnvoll, wenn sich der Kandidat vor dem Gespräch Gedanken darüber macht, was ihn auszeichnet.

Er wird bestimmt etwas finden, was er besonders gut kann. Vorsicht: Antwortet er, „Ich kann gut mit Office-Programmen umgehen" mag das zwar richtig sein, ist aber in der heutigen Zeit nichts Besonderes mehr.

Selbstverständliches

All das, was als selbstverständliches Wissen oder Können gilt, wird nicht als etwas Besonderes angesehen. Es bringt keinen Vorteil, auf Selbstverständliches hinzuweisen.

Werden die Überlegungen aus dem Bewerbungsgespräch in eine andere rhetorische Situation übertragen, ergibt sich ein vergleichbares Vorgehen.

Nehmen Sie als Beispiel eine Verkaufssituation. Der Kunde hat die Wahl zwischen Produkt A, B und C. Nach seiner Meinung bieten alle drei Produkte gleich gute Leistungen und auch der Verkaufspreis scheint angemessen.

Der Kunde ist ratlos. Deshalb wendet er sich an einen Verkäufer. Er bittet diesen, ihm die Vorteile der Produkte A, B und C darzustellen. Der geschickte Verkäufer wird nun zu jedem Produkt die deutlichen Vorteile unterstreichen, die die Produkte der Mitbewerber nicht bieten.

Damit gelingt es ihm, seinen Produkten Profile zuzuordnen. Je nach Wertigkeit oder Wichtigkeit kann nun der Kunde leichter entscheiden, welches Erzeugnis er erstehen will.

Schwaches Verkaufspersonal hingegen kann die Vorteile der einzelnen Produkte nicht vermitteln. Auf die Bitte des Kunden erfolgt bestenfalls ein Hochziehen der Schultern und Augenbrauen, was das Nichtwissen des Personals körpersprachlich unterstreicht.

Der Kunde ist auf sich allein gestellt. Möglicherweise überlegt er es sich noch einmal und verlässt den Laden ohne getätigten Kauf.

In beruflichen Gesprächen zweier Dialogpartner ergibt sich ebenso die Situation, dass der Gesprächspartner nicht das hören will, was sowieso eine Selbstverständlichkeit ist.

Ihn interessiert nicht, was er bereits weiß. Er will Neues hören. Er will erkennen, welche Vorteile zum besprochenen Projekt zu erkennen sind. Er will die Unterschiede zu Produkten des Mitbewerbers klar herausgestellt sehen.

Entscheidungshilfen anbieten

Ein klares Profil, ein klares Ziel, eindeutige und handfeste sowie belegbare Aussagen sind entscheidend.

Wiederum kann hier der Gesprächspartner nach Wertigkeit oder Wichtigkeit entscheiden. Ihm wurden deutlich Daten an die Hand gegeben, um seine Entscheidung begründen und umsetzen zu können.

Vom Besonderen zum Einzigartigen

Liebe Leserin, lieber Leser, bestimmt haben Sie schon gemerkt, dass hier vom Besonderen zur Einzigartigkeit gegangen wird.

Die Marketingexperten in der Werbung investieren täglich viel gedankliche Arbeit, den zukünftigen Kunden vom Besonderen und Einzigartigen ihres Produkts zu überzeugen. Das scheint eine echte Herausforderung zu sein, gibt es doch unendlich viele Angebote.

Der Kunde hat heutzutage die Möglichkeit sich ständig und an vielen Stellen über ein Produkt zu informieren.

Bei der Arbeit im Internet werden ihm unaufgefordert sogar die Produkte auf dem Monitor projiziert. Fast kann angenommen werden, dass eine Überinformation vorliegt, die den Kunden sogar nerven kann.

Umso schwieriger wird es für Marketingexperten, die Einzigartigkeit eines Produktes herauszuheben. Das Produkt ist nicht nur etwas Besonderes, sondern es gibt nichts Vergleichbares auf dieser Welt. Es ist einmalig, eben einzigartig.

Stärken und Schwächen

Kehren Sie zum Menschen zurück. Ein Mensch ist etwas Besonderes und Einzigartiges. Nicht jeder Mensch ist sich dessen bewusst, sieht er doch eher seine Schwächen und schiebt diese in den Vordergrund.

Menschen vergleichen sich mit anderen. So wird es immer andere Personen geben, die irgendetwas besser können als der andere. Bei einem Vergleich bedeutet das zwangsläufig – abhängig von der Vielfalt der Persönlichkeitsmerkmale –, dass es zig andere Menschen gibt, die besser dastehen.

Folge: Ein Kandidat fühlt sich schwächer und schlechter, gerät leicht in eine Art depressive Phase und gibt sich möglicherweise selbst auf. Ist das der richtige Weg?

Nein, sicher nicht. Selbstverständlich wird es immer Vergleiche geben. Bei sportlichen Wettkämpfen wird dieser sogar in Sekunden oder Bruchteilen von Sekunden gemessen, worauf sich dann der Metallgehalt in den überreichten Medaillen ändert.

Der Vergleich zum besseren Abschneidenden mag anspornen, um im nächsten Wettkampf noch bessere Leistungen zu erbringen. Hier funktioniert der Vergleich wunderbar.

Allerdings wird lediglich in einer bestimmten, genau festgelegten Sportart verglichen. Die sportlichen Leistungen und Anforderungen beim Bobfahren sind unterschiedlich zu denen im Dressurreiten.

So kann der Bobfahrer in seinem Metier Höchstleistungen bringen und sehr erfolgreich werden. Würde er gebeten, an einem Wettbewerb zum Dressurreiten teilzunehmen, würde er höchstwahrscheinlich kläglich versagen. Ist er deshalb ein schlechter Mensch? Nein, natürlich nicht.

Mit diesem Beispiel soll darauf hingewiesen werden, dass der Vergleich mit anderen lediglich in einem festgelegten Rahmen sinnvoll erscheint. Der Bobfahrer wird wohl kaum in Depressionen verfallen, wenn ihm die Reiterei nicht gelingt.

Nur Vergleichbares vergleichen

Deshalb sei dem Menschen gesagt, der sich mit anderen misst, dass er sich nicht allgemein vergleichen sollte. Das wird zu keinem Erfolg führen.

Nur ein bestimmter, ausgesuchter Bereich kann verglichen werden. Hier kann der Einzelne an sich selbst oder an seinem Verhalten arbeiten, um den Unterschied zum anderen zu minimieren. Das kann anspornen und motivieren.

Übrigens: Der erfolgreiche Bobfahrer wie auch der erfolgreiche Dressurreiter erhält am Ende eine Medaille. Hier werden die Ergebnisse sofort wieder vergleichbar. Eine Medaille hier – eine Medaille dort.

Die Medaille steht allerdings für den erzielten Erfolg. Hier wird sich auf einer höheren Ebene der Punkte, die verglichen werden und vorher beschrieben wurden, bewegt.

Medaillen können verglichen werden. Hat der eine nun zwei Medaillen gewonnen, der andere nur eine, kann es den zweiten motivieren, seine Leistung zu verbessern. Beim nächsten Wettkampf erzielt er vielleicht auch zwei Medaillen – oder sogar drei.

Fachliche und menschliche Stärken

Alle Beispiele sollen aufzeigen, dass es dem Einzelnen bewusst sein soll, in welchem Bereich er seine Einzigartigkeit feststellen kann. Er sucht seine Stärken.

Dabei lassen sich fachliche Stärken und menschliche Stärken unterscheiden. Fachlich bedeutet beispielsweise, dass der Betreffende mit einer bestimmten Technik hervorragend arbeiten kann. Menschlich könnte zum Beispiel bedeuten, dass er ein großes Einfühlungsvermögen hat und aktiv zuhören kann.

Werden Kandidaten gebeten, auf einer Liste ihre Stärken aufzuschreiben, ist festzustellen, dass relativ viele fachliche Stärken notiert werden. Das ist natürlich gut, bilden diese Stärken die Basis der beruflichen Arbeit.

Tatsächlich zeigen die menschlichen Stärken häufig Lücken. Das mag daran liegen, dass sich nicht jeder wirklich über seine menschlichen Fähigkeiten Gedanken gemacht hat.

Ist ihm bewusst, was seine Freunde und seine Arbeitskollegen an ihm wirklich schätzen? Bedauerlicherweise unterschätzen viele die menschlichen Stärken.

Tatsächlich sind es oft gerade diese Stärken, die die Zusammenarbeit mit anderen erleichtern.

Wer zieht den absolut korrekt arbeitenden – sagen wir mal übertreibend – Fachidioten dem menschlich zugänglichen Kollegen, der hin und wieder mal einen Fehler baut, vor?

Wenn Sie wollen, geben Sie sich selbst eine Antwort hierzu.

Besondere – persönliche – Stärken

Nach etwas Nachdenken wird die Aufzählung der menschlichen Stärken steigen. Nämlich dann, wenn klar wird, dass bestimmte Verhaltensmuster als etwas Besonderes betrachtet werden. Sie werden auch dann als Besonderes betrachtet, wenn Sie selbst es als nicht erwähnenswert halten.

Betrachten Sie nun die Liste mit Ihren Stärken, stellen Sie fest, dass doch eine ganze Menge zusammenkommt. Hätten Sie das erwartet? Ihr eigener Stellenwert steigt, sind Ihnen doch Ihre positiven Verhaltensmuster und Vorgehensweisen bewusstgeworden.

Schwächeln ist menschlich

Wo es Licht gibt, gibt es auch Schatten. Das gilt auch für die Stärken. Wo es Stärken gibt, gibt es auch Schwächen.

Sollte jemand auf die Frage nach seinen Schwächen antworten, dass er keine habe, zeigt er genau in dieser Antwort eine Schwäche.

Selbstverständlich hat der Mensch Schwächen; genauso wie er Stärken hat. Sonst wäre er möglicherweise ein Genie, das gar nicht mehr nötig hätte, irgendetwas zu verkaufen oder einer beruflichen Tätigkeit nachzugehen.

Lassen Sie die Genies ihr Leben leben und zu dem großen Rest der Menschheit zurückkehren.

Bitten Sie einen von ihnen, auf einer Liste seine Schwächen aufzuschreiben, käme – zumindest bei den fachlichen Schwächen – unendlich viel mehr zusammen. „Ich kann nicht Mandarin oder Hindi sprechen, ich kann mich nicht auf Koreanisch unterhalten, geschweige denn auf Japanisch.

Zu der russischen Sprache finde ich einen Zugang und die regionalen Fidschi-Dialekte sind mir gänzlich fremd."

Kein Wunder, dass dieser Kandidat hier depressiv werden könnte. Allein in Indien werden mehr als 100 Sprachen gesprochen!

Konsequenz: Es bringt nichts, aufzulisten was der Kandidat <u>nicht</u> kann.

Schwächen sind ausbaufähige Stärken

In der Liste soll ja keineswegs Nichtkönnen aufgelistet werden, sondern Schwächen. Also das, was der Kandidat ‚noch nicht so gut' kann.

Sie können sagen, dass Schwächen nichts Negatives sind, sondern dass sie lediglich als ausbaufähige Stärken zu sehen sind.

Werden Schwächen auf diese Art definiert, kann jeder, wenn er denn will, am Ausbau dieser Schwächen arbeiten. Er hat dann ein ziemlich genaues Ziel vor Augen, was er erreichen will.

Auf der anderen Seite zeigen sich nun die menschlichen Schwächen. Beispielsweise ist einer recht ungeduldig, vielleicht zu ehrgeizig, erwartet von anderen viel zu viel und so weiter. Um diese Art der menschlichen Schwächen geht es in dieser Betrachtung.

Charakterliche Eigenschaft

Die aufgelisteten Punkte entsprechen dem Verhaltensmuster des Kandidaten. Sie machen einen Teil seiner Persönlichkeit aus. Ist einer ungeduldig, ist das als charakterliche Eigenschaft anzusehen, die eben zu dieser Person gehört.

Könnte er schlagartig Ungeduld zur Geduld wandeln, würde er sein Ego verändern. Ginge er in mehreren Fällen genauso vor, wäre er am Ende gar nicht mehr er selbst.

Das kann sicherlich nicht das Ziel sein. Der Mensch soll nicht verändert werden, sondern höchstens seine Verhaltensmuster in bestimmten Situationen.

Ist er sich bewusst, dass er ungeduldig ist, kann er sich vornehmen, in bestimmten Zusammentreffen mit anderen Personen, seine Ungeduld zu zügeln. Er kann diese zügeln, damit die Gesprächspartner zu Wort kommen (können).

Möglicherweise erhält er durch die gezeigte Zurückhaltung Informationen, die er bei ungeduldigem Vorgehen nicht erreicht hätte.

Will der Betreffende sein Verhalten überdenken, arbeitet er an seinen menschlichen Schwächen. Im selben Augenblick wandelt sich dieses Verhalten allerdings zu einer Stärke. Dadurch, dass er die Schwäche erkannt hat und mit ihr umgehen kann, wird seine Vorgehensweise stark.

Weiterhin lassen sich manche Schwächen sowieso zu Stärken – zumindest rhetorisch – drehen. Statt „ich bin ungeduldig" könnte gesagt werden „ich treffe schnell Entscheidungen".

Welche der beiden Aussagen mag in den Ohren des Gesprächspartners angenehmer klingen?

Werden Sie sich Ihrer Stärken und Schwächen bewusst. Bezeichnen Sie die Schwächen als ausbaufähige Stärken und überlegen Sie, welche Vorteile die als schwach bezeichneten Verhaltensmuster haben können.

Haben Sie sich Gedanken zu diesem Themenbereich gemacht, wissen Sie deutlicher, was Sie als Person ausmacht.

Es wird Ihnen in Zukunft leichter fallen, sofort auf Fragen eines Gegenübers zu diesem Themenbereich vernünftig antworten zu können, wobei vernünftig meint, Sie im besten Licht strahlen zu lassen.

Online Profil zeigen

„Ach, Kollege Mertens, schön Sie zu sehen. Wie geht es Ihnen?" Strahlend kommt Kollegin Schulze auf Herrn Mertens zu. Schon sind die beiden in einem kurzen, intensiven Smalltalk. So ganz nebenbei wird das eine oder andere berufliche Thema besprochen.

Wie soll das in der Online-Arbeit geschehen? Das eben-mal-auf-dem-Flur-Treffen entfällt. Die Möglichkeit, etwas über den ‚kleinen Dienstweg' abzuwickeln – kaum mehr möglich.

Nicht umsonst wird von gefühlter Vereinsamung oder kollegialer Isolation gesprochen, befindet sich jemand über längere Zeit im Homeoffice.

Drohende Gefahr: Wer nicht mehr gesehen wird, verschwindet sozusagen aus dem Bild/der Wahrnehmung der anderen. Die Meinung und die Kompetenz werden nicht mehr nachgefragt. Wird bei der nächsten Beförderungswelle Herr Mertens übersehen?

Das will Herr Mertens natürlich vermeiden. Deshalb hat er sich vorgenommen, auch virtuell in Kontakt zu bleiben. Glücklicherweise hat seine Vorgesetzte ein kurzes, tägliches Tele-Meeting etabliert. Jeder hat die Möglichkeit, die anderen – zumindest virtuell – zu sehen, Ideen und Fragen auszutauschen.

Weiterhin nimmt Herr Mertens unregelmäßig Kontakt zur Vorgesetzten auf, um seine Ziele abzustecken und Zwischenziele überprüfen zu lassen.

Manchmal schlägt er auch kurze Tele-Konferenzen vor, bei dem 3, 4 oder 5 seiner Kollegen und Kolleginnen teilnehmen können.

Gezielt kontaktiert er hin und wieder seine Kolleginnen und Kollegen, bittet sie um Tipps und bietet seinerseits Unterstützung an.

Bei der Online-Präsenz achtet er darauf, sauber zu kommunizieren, das heißt deutlich zu sprechen und den Gesprächspartner in den Dialog einzubeziehen.

Herr Mertens ist es absolut bewusst, dass die Online-Arbeit gänzlich andere Herausforderungen stellt. Das gilt natürlich nicht nur für ihn, sondern für alle Betroffenen.

Trotzdem hat er sich vorgenommen, den Kontakt so gut es geht zu halten, um immer Up-to-date zu bleiben. Sein Profil darf nicht verblassen.

Feedback

Nachdem Sie nun eine Art Selbsteinschätzung vorgenommen haben, kann es auch sehr wissenswert sein, was und wie andere über Sie denken. Wie schätzen andere Ihr Auftreten und Ihr Vorgehen ein?

Möglicherweise denken Sie, dass es Ihnen vollkommen egal sein kann, was andere über Sie denken. Je selbstbewusster Sie werden, desto weniger muss Sie interessieren, wie andere (Fremde oder Freunde) Sie einschätzen. Oder doch nicht?

Wollen Sie als ‚arroganter und hochnäsiger Typ' angesehen werden? Möchten Sie, dass Sie nur aufgrund Ihrer Leistung, Ihres Geldes und Ihres Einflusses bewundert werden? Oder ist es nicht am Ende doch ein angenehmes Gefühl wahrzunehmen, dass Menschen Sie aufgrund ihrer menschlichen Art wertschätzen?

Sollte die letzte Variante auf Sie zutreffen, bleibt Ihnen gar nichts anderes übrig, als Rückmeldung von anderen zu analysieren.

Die erste Bedingung hierzu ist allerdings, das Ihnen überhaupt Rückmeldung gegeben wird.

Im zwischenmenschlichen Umgang erhalten Sie diese Rückmeldung ständig. Das ist daran zu erkennen, wie Ihr soziales Umfeld mit Ihnen umgeht.

Wie sprechen die anderen mit Ihnen? Spüren Sie eine Wertschätzung? Nehmen sich andere die Zeit und Mühe, Ihnen Tipps und gegebenenfalls Ihrer eigenen Meinung nach gegenläufige Ratschläge zu geben? Zeigen andere Angst vor Ihnen oder treten sie voll Vertrauen auf? Interessieren sich die anderen tatsächlich für Ihre Belange oder gehen Sie oberflächlich damit um?

Durch Ihre Beobachtungen, die in diesem Bereich vorgenommen werden können, erhalten Sie eine ganze Menge Rückmeldungen.

Profis sprechen hier von einem Feedback. In den genannten Beispielen erfolgt das Feedback allerdings unterschwellig.

Unterschwellig insofern, dass über die Art und Weise wie jemand mit Ihnen redet Erkenntnisse gezogen werden können. Unterschwellig weiterhin, dass über Dritte oder Dinge gesprochen wird, aber nicht direkt über Ihr Verhalten.

Um echtes Feedback bitten

Um ein direktes Feedback zu erhalten, bleibt Ihnen gar nichts anderes übrig, als einen anderen darum zu bitten.

Sofort ergibt sich eine Schwierigkeit. Frage ich Mama oder Papa, erhalte ich zwangsläufig ein eingefärbtes Feedback, bin ich doch seit Geburt Tochter oder Sohn. Verständlicherweise sehen mich Eltern anders, als mich ein Fremder wahrnimmt.

Das macht aber nichts, denn auch die Rückmeldungen der Eltern – sofern diese ehrlich sind – können hilfreich sein.

Dazu gibt es eine kleine Vorbedingung: Sie selbst, als Feedbacknehmer, sollten ehrliches Interesse daran haben, offene und wahrheitsgemäße Rückmeldungen zu erhalten.

Solch ein Feedback kann nachvollziehbarer Weise weh tun. Überwiegend wird es ja um die Persönlichkeit, um Ihr Verhalten, gehen.

Ein Mensch lässt sich gerne loben, steht kritischen Anmerkungen aber in der Regel distanzierter gegenüber. Das hilft aber nichts, wenn das Feedback ehrlich gemeint ist. Schmeicheleien oder Honig-um-den-Bart-schmieren bringen niemanden einen Schritt weiter.

Schuldzuweisungen vermeiden

Der Feedbackgeber kann helfen, die Rückmeldungen so zu geben, dass sie nicht als Schuldzuweisungen oder anklagend wahrgenommen werden.

Am besten gibt der Feedbackgeber seine Wahrnehmungen nicht in Ratschlägen!). Stattdessen in einer ich-bezogenen Form. „Ich habe manchmal Schwierigkeiten dich aufgrund deiner Sprech-Lautstärke in Gesprächen zu verstehen."

Das bedeutet, dass der Sprecher möglicherweise zu leise redet. Der Feedbacknehmer kann nachfragen, was konkret gemeint ist oder er überlegt sich, in anderen Situationen etwas lauter zu sprechen.

Oder: „Mir fällt es schwer, einem roten Faden in deinen Ausführungen zu folgen." Das könnte bedeuten, dass der Feedbackgeber keine Struktur wahrnehmen kann und sich in den Aussagen verloren fühlt.

Kritiker mögen sagen, weshalb nicht gleich direkter gesprochen werden soll. Zum Beispiel so: „Du hast keine Struktur in deinen Aussagen."

Rhetorisch betrachtet liegt eine sogenannte Du-Botschaft vor, die mit einer Schuldzuweisung gekoppelt ist.

Nehmen Sie an, der Feedbacknehmer hätte das Gefühl, einer deutlichen inhaltlichen Struktur gefolgt zu sein, fühlte er sich möglicherweise angegriffen oder unverstanden.

Im schlimmsten Fall würde er das Feedback abtun, ginge er doch davon aus, dass der Feedbackgeber ‚keine Ahnung‘ hat. Das würde natürlich nicht zum Erfolg führen.

Ich-Botschaften bevorzugen

Bleibt der Feedbackgeber bei Ich-Botschaften wie oben beispielhaft beschrieben, muss sich der Feedbacknehmer nicht angegriffen fühlen. Er kann immer noch denken: „Wenn der mich nicht versteht, muss er besser zuhören."

Oder – im Sinne der vernünftigen Feedback-Aufarbeit – denken: „Beim nächsten Mal achte ich darauf, etwas genauer und lauter zu sprechen. Ich habe nichts davon, wenn mich mein Gegenüber schwer hören kann. Ein Teil meiner Informationen kommt gar nicht beim Zuhörer an. Wie soll ich ihn vernünftig überzeugen können?"

Nun findet ein Umdenken statt, welches möglicherweise in eine angepasste Handlung übertragen wird. Das Feedback hätte genutzt.

Sicher ist, das Feedback hilft, das eigene Vorgehen zu reflektieren. Je mehr seriöses Feedback erhalten wird, desto mehr Informationen bekommt der Nachfragende von außen. Mit jedem Feedback wird ihm bewusster, wie er von anderen wahrgenommen wird.

Schließendlich ist es nach wie vor seine eigene Entscheidung, inwieweit er die Rückmeldungen akzeptiert und in Veränderungen einfließen lässt.

Soziale Plattformen

Beim Austausch zu diesem Themenbereich taucht von anderen immer wieder die Frage auf, wie sie es schaffen sollen, ein Profil aufzubauen.

Interessant, dass viele Menschen sich sehr schwer tun, speziell im beruflichen Kontext dieses Ziel zu erfüllen. Es wurde beschrieben, dass es in der Natur des Menschen liegt, sich zu profilieren. Wo ist hier die Herausforderung?

Betrachten Sie in diesem Zusammenhang die sogenannten sozialen Plattformen. Je jünger ein Mensch ist, desto mehr nutzt er diese Angebote, um Informationen von sich preiszugeben.

Trotz aller Warnungen älterer oder kritisch in die Zukunft schauender Menschen, scheinen Hunderttausende, Millionen Menschen keinerlei Skrupel zu haben, selbst intime Details von sich beziehungsweise ihrem Leben einem unendlich großen Publikum preiszugeben.

Momentaufnahme des Lebens

Berücksichtigen Sie das Bedürfnis vieler, ständig Fotos von sich und das, was sie gerade umgibt, auf den entsprechenden Plattformen zu posten.

Hier wird von fotografischen Schnappschüssen gesprochen. Sozusagen Fotos, die mitten aus dem Leben heraus, unverfälscht aufgenommen werden. Ja, so sollen die Fotos aussehen und genau das sollen es auch vermitteln. Eine nicht gestellte Momentaufnahme der Person soll gezeigt werden.

Beobachten Sie Menschen, wenn sie Selfies aufnehmen, die anschließend gepostet werden sollen, merken wir, dass es nicht mit einem einmaligen Auslöser der Kamera erledigt ist.

Oft werden mehrere Bilder hintereinander aufgenommen, die einen spontan handelnden Menschen abbilden sollen. Verständlicherweise ist das ein Widerspruch in sich. Der Aufgenommene wurde weder spontan fotografiert, noch ist von einem Schnappschuss die Rede.

Genauer gesagt: Die Fotos sind gestellt.

Der Hintergrund muss stimmen, der dargestellte Moment soll (meist positive) Emotionen zeigen und auslösen. Vielleicht sogar etwas Neid im Betrachter entstehen lassen.

Sind diese Fotos noch ehrlich? Anders gefragt: Lügen diese Fotos? Stellen sie nicht etwas dar, was gar nicht der Realität entspricht? Wird hier eine Kunstwelt – um nicht Lügenwelt zu sagen – aufgebaut?

Wie viele Menschen verschönern ihre Fotos schnell noch, bevor sie dann der Öffentlichkeit zur Verfügung gestellt werden? Die Technik macht es schließlich möglich.

Wer will schon unvorteilhaft oder gar hässlich auf einem Foto aussehen? Was geschieht hier gerade auf der Welt mit dieser Vorgehensweise?

Zum Thema passend kann festgehalten werden, dass es offensichtlich ein Bedürfnis ist, anderen zu zeigen, was einer gerade tut, was er erlebt, mit wem es sich umgibt, woran er Freude hat und so weiter.

Immer wird etwas Besonderes gezeigt. Gehen Sie gedanklich ein paar Seiten zurück, wurde über das Besondere gesprochen. Das, was den Einzelnen ausmacht.

Hier bei den Fotos zeigt sich das, was der Einzelne erlebt. Und das, was der Einzelne erlebt ist wiederum das, was ihn als Persönlichkeit ausmacht. Also: sein Profil.

Ständiges Polieren des Profils

Ohne dass es dem Einzelnen tatsächlich bewusst ist, arbeitet er ständig daran, sich zu profilieren und (überwiegend per Bild) darzustellen.

Der Vorteil bei dieser Vorgehensweise liegt eindeutig in der Leichtigkeit und Schnelligkeit der praktischen Umsetzung.

Der Nachteil mag darin liegen, dass einmal gepostete Fotos für die Ewigkeit abrufbar sein werden.

Das über Jahre aufgebaute Profil wird immer aussagekräftiger und lässt sich im Nachhinein kaum noch korrigieren. Hoffentlich ist das jedem bewusst, der mit dieser Technik arbeitet.

Verlierer der technischen Möglichkeiten

Unabhängig davon ergeben sich für einen Teil der Menschheit sofort deutliche Nachteile.

Menschen haben eine bestimmte ästhetische Vorstellung davon, wann sie einen Menschen als hübsch oder hässlich bezeichnen.

Das bezieht sich zum Beispiel auf die Körpergröße beziehungsweise auf die ‚Körperkleine'.

Oder auf das Gewicht; einer wird als dünn oder dick bezeichnet. Bestimmte Gesichtsformen gelten als anziehend, andere eher als abstoßend. Und so weiter.

Die ästhetischen Vorstellungen zur menschlichen Schönheit wandeln sich im Lauf der Jahrzehnte und Jahrhunderte.

Demnach wird es immer einige geben, die sich aufgrund dieser Vorstellungen benachteiligt fühlen. Möglicherweise ist es nicht nur ein Gefühl, sondern sie erleiden in der Wirklichkeit tatsächlich Nachteile.

Es ist bekannt, dass hübsch Wirkenden andere Fähigkeiten zugeschrieben werden als denjenigen, die als unansprechend eingeordnet werden.

Nehmen Sie als Beispiel eine Person, die deutlich mehr Kilogramm auf die Waage bringt als die Gleichaltrigen um sie herum.

Schon jetzt wird sie alles daransetzen, die lästigen körperlichen Gewichte möglichst zu kaschieren. Geschickt geschneiderte Kleidung, Accessoires, unterstützende Applikationen und Farbgebung, gezielt eingesetztes Make-up helfen dabei, die eigene Körperfigur möglichst ansprechend darzustellen.

Ein einfühlsamer und guter Friseur wird eine Frisur empfehlen, die den Menschen schlanker wirken lässt, als er in der Realität ist.

Die geschilderten Vorgehensweisen erfordern viel Zeit und Geld. Täglich wird am Erscheinungsbild gearbeitet, was andere nicht nötig haben.

Sensible Menschen können nachvollziehen, welchen Aufwand hier der etwas dickere Mensch leisten muss.

Zwang zur Präsenz

Nun wird das Beispiel mit dem oben beschriebenen Posten verknüpft.

Nimmt der ‚kräftiger' gebaute Mensch nicht daran teil, Fotos zu posten, verschwindet er sozusagen aus der Erinnerung der anderen. Er geht sozusagen in der anonymen Masse unter.

Das will er nicht. Er will – und muss – zeigen, dass er ebenso existiert, lebt und Freude am Leben hat. Die Gesellschaft zwingt ihn dazu, Profil zu zeigen. Er soll ‚Farbe bekennen' und ‚sein wahres Gesicht' offenbaren. So einfach wird er das nicht tun.

Er wird noch mehr Zeit und Energie investieren, um auf seinen Fotos, die er posten will, attraktiv auszusehen. Er wird höllisch darauf achten, dass sein wahres Gewicht nicht ins Auge fällt. Mit der Zeit wird er Techniken entwickeln, aus welcher Perspektive heraus fotografiert er ein optimales Bild abgibt.

Noch ein anderer Punkt kommt dazu: Ist er mit seinen Kollegen unterwegs, werden Fotos aufgenommen, die dann in den entsprechenden Programmen anderen zur Verfügung gestellt werden.

Meist wird er gar nicht danach gefragt, ob ihm die Veröffentlichung eines Bildes, auf dem er zu sehen ist, zusagt.

Wie peinlich, wenn er auf solch einem Bild unvorteilhaft erfasst wird. Wie sieht es für einen anderen aus, wenn er als dicker Mensch gerade dann fotografiert wird, wenn er einen kräftigen Happen in den Mund schiebt?

Was mag ein Betrachter der Aufnahme denken? Zum Beispiel: „Klar, dass die Dicken immer essen müssen."

Also wird der Betreffende versuchen, sich ‚fotogerecht' zu postieren. Er wird viel Energie aufbringen, ständig die anderen zu beobachten, ob gerade jemand wieder auf Fotojagd unterwegs ist. Sein eigenes Verhalten richtet sich immer mehr und deutlich nach den anderen.

Wird ein Gruppenfoto erstellt, wird er sich im Hintergrund halten. Im Laufe der Jahre sammeln sich viele Gruppenfotos an, auf denen er immer im Hintergrund zu sehen ist.

Versteckt er sich hier? Ließe sich dieses Verhaltensmuster auf die berufliche Arbeit übertragen? Hätte es eine Führungskraft nötig, sich zu verstecken?

Mit diesen Fragen sollen Gedanken ausgelöst werden, welchen Beeinträchtigungen durch die aktuelle Möglichkeit auf den angesprochenen Medien manche unterliegen. Und zwar ständig.

Es ist leicht gesagt, dass sich keiner verstecken muss. Dieser Aussage mag zugestimmt werden. Ob der Betroffene alleine diesen Weg schafft, ist allerdings mit einem Fragezeichen zu versehen. Im Sinne des ‚Profil zeigen' bleibt allerdings kaum eine andere Chance.

Sozialer Aufstieg

Ist es nachvollziehbar geworden, welche Einflüsse von außen den sozialen Aufstieg (oder Abstieg) beeinflussen?

Ohne jemanden verletzen zu wollen, kann die Meinung der Mehrheit hier wiedergegeben werden: „Lieber mit Gewinnern als mit Verlieren umgeben."

Welcher Arbeitgeber möchte jemanden einstellen, der sich selbst als Verlierer sieht? Der Arbeitgeber muss dafür sorgen, dass der neue Mitarbeiter zum wirtschaftlichen Erfolg beiträgt. Traut er das einem Verlierer zu? Wohl kaum. Er bevorzugt den Gewinner.

Auf Dauer gesehen hat es der Verlierer immer schwerer seinen Erfolg auszubauen. Dem Gewinner scheinen sich automatisch die Wege zum Erfolg zu öffnen.

Sie, liebe Leserin, lieber Leser, mögen den Spruch kennen: „Wo Tauben sind, fliegen Tauben hin." Wo Geld ist, kommt neues dazu. Erfolg zieht Erfolg an.

Gewinner bevorzugt

Die Konsequenz aus dieser Überlegung kann nur sein, sich als Gewinner darzustellen. Die Darstellung allein langt auch noch nicht.

Jemand, der sich als Verlierer fühlt, hat kaum die Chance, sich als Gewinner zu präsentieren. Sein Wortschatz, seine Körpersprache werden ihn schnell verraten.

Da ein Verlierer in der Regel nicht Verlierer bleiben will, ist der Weg zum Gewinner bereits diffus zu erkennen.

Als erstes muss an der eigenen Einstellung, an der Lebenseinstellung, gearbeitet werden. Die meisten Menschen in unsere Kultur werden ja nicht per se als Verlierer geboren.

Klar, lassen sich das soziale Umfeld, der Wohnort, das Geburtsjahr und so weiter als Gründe angeben, weshalb einer erfolgreicher als der andere ist. Was sollen die Absolventen der Corona-Jahrgänge später sagen?

Das nutzt am Ende allerdings gar nichts. Den einen trifft es so, den anderen anders. Das lässt sich als gegeben annehmen.

Derjenige, der die schlechteren Voraussetzungen mitbringt, muss zwangsläufig mehr an sich arbeiten, diese auszugleichen beziehungsweise zu optimieren.

Bei entsprechender Arbeit an sich, gegebenenfalls mithilfe eines Coachings, kann es gelingen, eine Einstellung als Gewinner zu erhalten.

Nachdem die innere Einstellung gegeben ist, wird sich diese Einstellung auch nach außen übertragen. Der Mensch wird authentischer und gleichzeitig selbstbewusster. Sein sozialer Aufstieg hat begonnen.

Start-Ups – Der Start zum Erfolg

Am Beispiel der sogenannten Start-Ups soll gezeigt werden, wie ein authentisches und selbstbewusstes Auftreten zum Erfolg führen kann.

Ein Start-Up ist ein neu gegründetes Unternehmen mit einer tollen innovativen Geschäftsidee. Es genügt nicht, wenn die Idee nur kreativ ist, sondern sie muss auch absolut neuartig sein. Hier werden teilweise bisherige Vorstellungskräfte durchbrochen. Der Geschäftsidee wird ein deutliches (!) Wachstumspotenzial unterstellt.

Bei einem Start-Up liegt nicht nur eine großartige Idee vor, sondern auch ein deutlicher Umsatz ist zu erwarten. Viele Start-Ups nutzen die vielfältigen digitalen Möglichkeiten, ihre Ideen vielen Menschen nahe zu bringen.

Der spätere Geschäftsgründer macht sich Gedanken über Tätigkeiten und Aktionen in der Zukunft. Der Gründer erkennt Schwachstellen im wirtschaftlichen Angebot. Er erkennt Wünsche und Bedürfnisse anderer, die durch die aktuellen Gegebenheiten nicht erfüllt werden.

Neues vorstellen können

Diese Erkenntnis zeigt bereits, dass er Situationen analysiert und dass er planerisch denken kann. Weiterhin hilft ihm seine Kreativität, sich Neues vorstellen zu können. Bereits Vorhandenes interessiert hier weiter nicht.

Es muss wirklich etwas gänzlich Neuartiges sein, um Menschen dazu zu bewegen, das Start-Up-Angebot zu nutzen.

Derjenige, der sich gedanklich lediglich in seinem festgefahrenen Denkrahmen bewegt, wird kaum etwas ausrichten können, denn in diesem Bereich ist bereits alles einmal alles erlebt, durchdacht oder umgesetzt worden.

Soll etwas Neues entstehen? Schafft der Geschäftsgründer, über den Tellerrand hinaus zu denken, gibt ihm das Kraft, auf Neuartiges zu kommen, das von anderen gegebenenfalls als ‚verrückt' bezeichnet werden könnte.

Es zeigt sich, dass der Betreffende eine ziemlich gute Idee von dem hat, was er umsetzen und erreichen will. Auf der gedachten Linie seines Profils ist hier ein Zacken nach oben zu erkennen. Das Profil ist deutlich erkennbar, der Betreffende ragt aus der Masse hervor.

Das Individuum ist gefragt – Unterstützung ist willkommen

Im zweiten Schritt ist er als Individuum gefragt. Er macht sich Gedanken darüber, welche seiner Stärken er einsetzen kann, um seine Ideen verwirklichen zu können.

Die Voraussetzung hierzu ist, dass er sich im Vorfeld einmal grundsätzlich Gedanken über seine Stärken und Schwächen machte. Auf diesen Punkt sind wir bereits weiter oben eingegangen.

So wird er schnell erkennen, welche Eigenschaften er selbst nicht selbst abdecken kann. Das, was wir als Schwächen bezeichnen, ist ihm bewusst.

Um trotzdem sein Ziel erreichen zu können ist ihm klar, dass er eine weitere Person benötigt, die seine Schwächen ausgleichen kann. Idealerweise jemanden, der im erkannten schwachen Bereich seine Stärken zeigt.

Also sucht der potentielle Gründer sich eine zweite oder eine weitere Person, um mit dieser beziehungsweise diesen sein Start-Up zum Laufen zu bringen. So bildet sich schnell ein kleines Gründer-Team. Ein Business-Plan wird erstellt. Alle sind begeistert von ihrem Projekt.

Unterstützer finden

Der dritte Schritt bei der Realisierung, der nun gegangen werden muss ist, andere Menschen müssen von der Idee überzeugt werden.

Sehr häufig – und damit sehr wichtig – sind Geldgeber gefragt. Es gibt genügend Personen, die Geld genug haben und dieses in neue Ideen investieren wollen.

Selbstverständlich wollen sie davon ausgehen, dass ihre Investition einen Mehrwert erbringt. Sie nehmen sich die Zeit, um sich die Ideen der Start-Up-Gründer anzuhören.

Haben sie das Gefühl, dass die Präsentierenden von ihrem eigenen Produkt nicht überzeugt sind, werden sie sich hüten, auch nur einen Euro in das Projekt zu stecken.

Im Umkehrschluss heißt das, dass der Geldgeber überzeugt werden muss. Er muss den Eindruck gewinnen, dass die Präsentierenden sozusagen ‚Feuer und Flamme' von ihrem eigenen Produkt oder ihrer eigenen Idee sind.

Nicht nur der Geldgeber will überzeugt werden, sondern auch andere, deren Hilfe oder Unterstützung benötigt werden.

Profil schärfen

Der Zacken auf der Profil-Linie muss sehr deutlich sichtbar und herausragend dargestellt werden. Das Profil wird ganz deutlich und geschärft. Mit jedem Austausch wird den angehenden Gründern klarer, wie ihr Produkt aussehen soll, soll es erfolgreich den Markt erobern.

Die Arbeiten zum Start-Up laufen wunderbar. Das Team hat trotz aller Herausforderungen und mancher internen Streitereien große Schritte nach vorn getätigt.

Die finanzielle Situation ist abgedeckt, Technik und Räume sowie menschliche Unterstützung sind gegeben.

Das digitale Wissen und die fachliche Kompetenz sind vorhanden. Alles ist top.

Die Öffentlichkeit begeistern

Es nähert sich der Tag, an dem das Start-Up an die Öffentlichkeit gehen will. Es ist demnach im vierten Schritt angelangt. Was nutzt die beste Idee, wenn die Öffentlichkeit überhaupt nicht realisiert, was angeboten wird?

Wieder sind die Betroffenen bei dem wichtigsten Punkt, der Überzeugung, anbelangt. Nun gilt es sogar, die Öffentlichkeit zu begeistern.

Bei dem Geldgeber handelte es sich (oft) um (nur) eine Person, die ‚greifbar' gegenüber am Verhandlungstisch saß. Rückfragen des Geldgebers, seine Mimik und Körpersprache halfen dem Team, Unklarheiten sofort klären zu können.

Die Öffentlichkeit repräsentiert eine unbekannte Masse an Personen, die ‚nicht greifbar' ist. Das bedeutet, dass hier die Rückmeldung, das Feedback nicht sofort zu erkennen ist.

Wie soll Mimik oder Körpersprache beim Einzelnen erkannt werden? Wenn die (Geschäfts-)Idee nicht ‚ankommt', floppt sie sozusagen. Alle Arbeit, alle Investition, der getätigte Energieeinsatz waren umsonst. Nicht gut.

Um das zu vermeiden, muss auch hier wieder eine intensive Überzeugungsarbeit geleistet werden.

Die Öffentlichkeit muss erkennen, dass es a) ein neues Angebot gibt und dieses b) genau auf ihre bisher möglicherweise sogar unbekannte Bedürfnisse eingeht. Es lässt sich im Ansatz vorstellen, welche Leistung das Gründer-Team zu erbringen hat.

Die Besten werden Erfolg haben

Täglich feiern die Medien neue Start-Ups. Die Erfolgreichen, die sich stolz darstellen dürfen, werden lobend durch die Journalisten ‚nach vorn' geschoben. Glückwunsch für diese Erfolgreichen.

Wie viele andere bleiben aber mit ihren tollen Ideen auf der Strecke? Von diesen wird in der Regel nicht berichtet.

Schafft es jemand nicht, an die Öffentlichkeit zu treten, gibt es verständlicherweise auch gar keinen Bedarf darüber zu berichten.

Deshalb ist es unglaublich schwierig eine Zahl anzugeben, die ausdrückt, wie viele potentielle Start-Up-Gründer tatsächlich ihre Idee realisieren konnten.

Im Weiteren geht es nicht nur um die Realisierung, sondern auch um die wirtschaftlich erfolgreiche Umsetzung. Schließlich wollen die Start-Up-Gründer Geld verdienen.

Das Beispiel der Start-Up-Gründer wurde gewählt, weil sich hier deutlich darstellen lässt, welche Schritte im Sinne der Kommunikation, der Rhetorik und schließlich der Profilierung durchlaufen werden müssen, um am Ende dieses Weges erfolgreich dazustehen.

Diese Vorgehensweise lässt sich auf viele andere geschäftliche Bereiche übertragen.

Jemand, der ein kleines, ,schickes' Ladengeschäft oder einen ,gemütlichen' gastronomischen Betrieb eröffnen will, wird sich nicht zwangsläufig als Start-Up-Unternehmer betrachten.

Trotzdem treffen die meisten der oben genannten Kriterien auch auf ihn zu. Die Realisierung der geschäftlichen Idee ist keineswegs einfacher. Scheitert diese, ist oft auch die eigene Existenz gefährdet.

Wer diesen Weg gehen will, sollte sich über seine eigenen Fähigkeiten im Vorfeld Gedanken gemacht haben.

Was kann erreicht werden, was will ich erreichen? Was kann ich anbieten und was erwartet die Zielgruppe? Nur dadurch, dass ich einen Laden öffne, heißt das noch lange nicht, dass ihn sofort unzählige kaufhungrige Kunden stürmen.

Guten Erfolg für alle, die diese Wege gehen wollen.

Macht und Status

Macht und Status bedingen sich häufig gegenseitig. Hat jemand Macht, genießt er in der Regel auch Status und umgekehrt.

Deshalb werden diese beiden Begriffe in diesem Abschnitt zusammengebracht.

Kraft, zu bewegen

Macht bedeutet, dass jemand physische oder psychische Kraft hat, etwas zu bewegen. Er kann andere Menschen dazu bringen, das zu tun, was in seinem Sinne ist.

Je mehr Personen er beeinflussen oder manipulieren kann, desto größer wird seine Macht. Je mächtiger er wird – je mehr es ihm gelingt, viele, viele Menschen zu ‚dirigieren‘, desto schwieriger wird es, diese Macht wieder abzugeben.

Verständlicherweise wird der Mächtige alles daransetzen, seine Macht zu schützen.

Den meisten Mächtigen gibt es ein sehr angenehmes Gefühl, Macht über andere ausüben zu können.

Wer einmal Macht genossen hat, gibt sie ungern freiwillig wieder ab. Wer sich gegen einen Mächtigen auflehnt, muss befürchten, bestraft zu werden.

Bei vielen Wirtschaftsbossen oder politischen Amtsträgern ist zu beobachten, dass diese auf ihrer Position ausharren, solange es irgend geht.

Bedauerlicherweise bedarf es deshalb regelrechter Umsturzversuche anderer, den Über-Mächtigen von seiner Machtposition zu vertreiben.

Am Anfang der Karriere des Mächtigen wird er von vielen Menschen unterstützt, weil sie sein Verhalten und sein Handeln als gut bewerten.

Je mächtiger er wird, je mehr er auch Andersdenkenden auf die Füße tritt oder deren Meinung nicht mehr zulässt, umso unangenehmen wirkt er auf sein soziales Umfeld.

Viele Diktaturen zeigen, dass der Verlauf des Mächtigen vergleichbar mit anderen Mächtigen ist.

Hohe gesellschaftliche Position

Status bezeichnet die Stellung einer Person in gesellschaftlicher oder beruflicher Position. Hat jemand einen Status erreicht, gibt ihm das die Möglichkeit, Menschen zu begeistern und zu überzeugen. Mit jedem Erfolg steigt sein Status, allerdings auch seine Macht.

In diesem Augenblick sollte klarwerden, auf welchem riskanten Weg sich jemand findet, der einen deutlichen gesellschaftlichen oder beruflichen Status erreicht hat.

Natürlich: Ein hoher Status führt nicht zwangsläufig zum Verhalten eines klassischen Mächtigen. Trotzdem ist das Risiko gegeben.

Sobald ein Einzelner spürt, dass sein Status wächst, freut er sich verständlicherweise darüber. Es motiviert ihn, sich weiterhin anzustrengen. Damit baut er seinen Status aus oder erhöht ihn.

Wie an anderer Stelle beschrieben, scheint es in der Natur des Menschen zu liegen, Status und Macht zu erzielen. Allein schon deswegen, um sich selbst das Überleben zu sichern.

In Folge wird dadurch auch das Überleben des sozialen Umfeldes und schließlich der Menschheit gesichert.

Ein Häuptling genügt

Betrachten Sie gesellschaftliche Gruppierungen, können Sie sehen, dass es immer eine Person gibt, die die Gruppe lenkt und führt. Ob die Person will oder nicht, erhält sie aufgrund der Position automatisch Macht über die Gruppe.

Die Gruppe ist einverstanden, da sie sonst keinen Erfolg erzielen könnte. Liefen alle kopflos hin und her, gäbe es kein Ziel, das die Gruppe erreichen will. Sie käme nicht voran und könnte damit auf Dauer ihr Fortbestehen nicht garantieren.

Stellen Sie sich nun eine Gruppe vor, die ausschließlich aus Gruppenleitern bestünde.

Jeder in der Gruppe sähe sich als ‚Häuptling', der bestimmen will, welcher Weg eingeschlagen werden soll. Höchstwahrscheinlich ergäbe sich ein chaotisches Durcheinander. Die Einzelnen würden mit den anderen streiten und kämpfen; alles zulasten der Gruppe.

Demnach kann es in einer bestimmten sozialen Gruppierung immer nur einen geben, der die Macht des Gruppenleiters übernimmt. Die anderen folgen ihm (hoffentlich meist) ohne zu murren.

Demokratisches Vorgehen beibehalten

Damit die Gruppe keine diktatorischen Züge aufbaut, sollte es jedem in der Gruppe bewusst sein, dass ein demokratisches Vorgehen vorteilhaft ist. Auch die Meinung des ‚einfachen' Gruppenteilnehmers ist genauso wertvoll wie die Meinung des Gruppenleiters.

Der Gruppenleiter wird mehrheitlich gewählt – und in regelmäßigen Abständen stellen sich andere der nächsten Wahl. So hat – zumindest theoretisch – jeder die Möglichkeit, einmal die Macht des Gruppenleiters zu spüren und auszuleben.

Bestimmt kennen Sie auch die Aussage „hungrig nach Macht sein". Jemand ist machthungrig. Es ist kein Geheimnis, dass der Hunger durch Zunahme von Speisen befriedigt werden kann. Es ist auch kein Geheimnis, dass nur wenige Stunden später der erneute Wunsch nach weiterer Speise entsteht; der Mensch wird erneut hungrig.

Dem einen oder anderen mag es schon geschehen sein, dass er sich regelrecht gierig auf etwas Leckeres stürzte. Im übertragenen Sinne würde er nun machtgierig.

Der Appell an Sie, liebe Leserin, lieber Leser lautet: Bauen Sie Ihren Status auf und aus und werden Sie in Ihrem Bereich mächtig.

Passen Sie aber auf, dass Ihnen die Macht nicht zu Kopfe steigt. Es täte weder Ihnen noch den anderen auf Dauer gut.

Erfolg

Im letzten Artikel wird sich dem Ende der Überlegungen in diesem Buch genähert: dem Erfolg.

Ihr Ziel wurde erreicht. Alle Überlegungen, alle Anstrengungen, alle Handlungen führten nun zu einem sehr zufriedenstellenden Ergebnis. Sie sind zufrieden oder gegebenenfalls sogar glücklich, Ihr Ziel erreicht zu haben. Sie bezeichnen sich als erfolgreich. Der Erfolg hat sich eingestellt.

Mit den Überlegungen in diesem Buch – über die Kommunikation und Rhetorik zum Profil – kann es jedem gelingen, erfolgreich zu werden.

Individueller Erfolg

Da jeder für sich festlegen kann, was er als Erfolg bezeichnen will, ist der Erfolg des Einzelnen nicht zwangsläufig deckungsgleich mit dem Erfolg eines anderen.

Der eine sieht das Materielle wie Geld, Haus und Segelyacht als Erfolg an. Der andere versteht unter Erfolg eher Familie, Kinder und Freunde.

Beide verwenden den Begriff Erfolg, verstehen aber deutlich Unterschiedliches darunter. Das ist in Ordnung so.

Selbst die genannten beiden Bereiche umfassen noch nicht die finale Möglichkeit der Deutung des Wortes Erfolg.

Beispielsweise meint ein Dritter, dass sich bei ihm Erfolg einstelle, sobald er Glück empfinde. Sofort stellt sich die nächste Frage, was unter Glück zu verstehen ist. Auch hier gibt es keine eindeutige Definition.

Wohl jeder mag das Wort Glück in seinem Sinne und damit unterschiedlich deuten. Nebenbei: Es gibt einen Unterschied in den Aussagen ‚glücklich sein' und ‚Glück haben'.

Es ist nicht möglich, eindeutig zu definieren, was jeder unter Erfolg versteht. Im Prinzip ist das allerdings auch egal. Viel wichtiger ist, dass der Einzelne seinen für sich definierten Erfolg erzielen kann. Dadurch ergibt sich ja auch die unglaubliche Vielfältigkeit im Leben.

Bedauernswert wird es dann, wenn sich jemand als erfolglos bezeichnet. Es ist weiter nicht schlimm, wenn mal ein Projekt nicht erfolgreich zum Abschluss gebracht werden kann. Es wird Gründe gegeben haben.

Können diese analysiert und aus möglichen Fehlern gelernt werden, wächst bei einem nächsten Projekt die Chance, dieses erfolgreich abzuschließen.

Neben Erfolgen muss es Misserfolge geben, sonst wüssten wir Erfolge gar nicht als solche zu schätzen.

Erfolge reihen sich sozusagen hintereinander, wobei diese Reihe immer wieder durch einen Misserfolg getrübt werden kann.

Erfolgreiches Leben

Liebe Leserin, lieber Leser, lassen Sie sich deshalb durch einen Misserfolg nicht entmutigen. Sehen Sie ihn als Lernobjekt, ziehen Sie Schlüsse daraus und wenden sich einem neuen Projekt zu.

Lassen Sie andere quasseln, quatschen und quengeln. Wer in dieser Weise leben will, soll es tun können.

Wer erfolgreich sein will, geht anders vor.

Setzen Sie sich zum Ziel, am Ende eines Tages, eines Jahres und schließlich am Ende Ihres Lebens sagen zu können: „Ich hatte ein erfolgreiches Leben."

In diesem Zusammenhang wird der französische Dramatiker Nicolas Chamfort (1741 – 1794) zitiert: „Erfolg erzeugt Erfolg, wie Geld das Geld."

Von Erfolg zu Erfolg müsste es demnach leichter werden immer neue Erfolge zu erzielen. Quälen Sie sich nicht mit den Widrigkeiten des Lebens herum.

Beginnen Sie den Weg zum Erfolg!

Lassen Sie sich noch von einem zweiten Zitat inspirieren. Dieses stammt vom deutschen Schriftsteller Theodor Fontane (1819 – 1898): „Am Mute hängt der Erfolg."

Haben Sie den Mut, kommunikativ und rhetorisch aktiv zu werden, um Ihr Profil auszubauen, welches dann zum Gesamterfolg führt.

Ihnen seien die Daumen zum Erfolg gedrückt und gehofft, dass die in diesem Buch angestellten Überlegungen helfen, Ihren Erfolg leichter zu erzielen.

Stichwortverzeichnis

Stichwortverzeichnis

Knigge als Synonym und als Namensgeber

Umgang mit Menschen

Suche weniger selbst zu glänzen, als andern Gelegenheit zu geben,
sich von vorteilhaften Seiten zu zeigen, wenn Du gelobt werden und gefallen willst
Adolph Freiherr Knigge,
aus dem Buch „Über den Umgang mit Menschen", 1788
(1752 - 1796)

Adolph Freiherr Knigge

Schon zu seinen Lebzeiten war Adolph Freiherr Knigge (1752 – 1796) umstritten. Knigge setzte sich durch sein energisches Eintreten für die Ziele der Aufklärung, so wie er sie verstand, scharfen Angriffen aus. Er arbeitete als Romanschriftsteller und Satiriker, sowie als politischer Schriftsteller. Er gehörte den Freimaurern an.

Heute ist Knigge vor allem seines Buches wegen ‚Über den Umgang mit Menschen' (1788) bekannt. Und zwar deswegen, weil sein Werk als Etikette-Buch angesehen wird.

Das große Missverständnis

Knigge verdankt seinen heutigen Ruf und Erfolg aber einem Missverständnis. Denn: Das Werk Adolph Freiherr Knigges gilt als Etikette-Buch ersten Rangs.

Allerdings beschreibt Knigge keine Regeln wie mit Besteck umzugehen ist, oder das Verhalten bei Tisch, stattdessen offenbart er eine praktische Lebensphilosophie im Umgang mit Mitmenschen. Er gibt Anleitungen und Anregungen, wie mit seinen Mitmenschen richtig umzugehen ist. Knigge hoffte damit, dass die Menschen glücklich und froh miteinander leben könnten.

Sein Buch erschien 1788 und war schon kurze Zeit in fast allen Haushalten zu finden. Über 200 Jahre lang prägte sich sein Buch im Bewusstsein der Leser als praktisches Handbuch über gutes Benehmen ein.

Über den Umgang mit Menschen

In drei Teilen seines Buches hat Knigge über den Umgang mit verschiedenen Menschengruppen geschrieben, zum Beispiel:

- Über den Umgang mit Leuten von verschiedenen Gemütsarten, Temperamenten und Stimmungen des Geistes und des Herzens (Erster Teil, 3. Teil)
- Über den Umgang mit Frauenzimmern (Zweiter Teil, 5. Teil)
- Über die Verhältnisse zwischen Herrn und Dienern (Zweiter Teil, 7. Teil)
- Über das Verhältnis zwischen Wohltätern und denen, welche Wohltaten empfangen; wie auch unter Lehrern und Schülern, Gläubigern und Schuldnern (Zweiter Teil, 10. Teil)
- Über den Umgang mit den Großen der Erde, mit Fürsten, Vornehmen und Reichen (Dritter Teil, 1. Teil)
- Über die Art, mit Tieren umzugehen (Dritter Teil, 9. Teil)

Knigge heute als Synonym für Umgangsformen

Obwohl es heute klar ist, dass Knigge anderes verfolgte, als wir unter seinem Namen verstehen, soll ‚Knigge' als Synonym für den Bereich stehen, dem sich das vorliegende Buch widmet.

12 Ratgeber in der kleinen Knigge-Reihe

Der kleine ... -Knigge [2100] (Je € 9,70; 88 Seiten, 12x19 cm, kartoniert)

Anstands- und Banausen-Knigge [2100]
Business- und Kunden-Knigge [2100]
Büro- und Kollegen-Knigge [2100]
Gäste- und Gastgeber-Knigge [2100]
Gesellschafts- und Freunde-Knigge [2100]
Outfit- und Stil-Knigge [2100]

Interkulturelle- und Auslands-Knigge [2100]
Bewerbungs- und Vorstellungs-Knigge [2100]
Event- und Feste-Knigge [2100]
Gastro- und Tischsitten-Knigge [2100]
Speisen- und Exoten-Knigge [2100]
Trinkkultur- und Getränke-Knigge [2100]

12 x kleines Handbuch der Rhetorik 2100

Der kleine Handbuch der Rhetorik [2100] (Je € 9,70; 100 Seiten, 12x19 cm)

Erfolgreich reden „Die Kunst, flott vorzutragen"
Körpersprache einsetzen „Mit Händen und Füßen sprechen"
Gezielt trainieren „Ich will endlich erfolgreich präsentieren!"
Nervosität austricksen „Mir zittern die Knie"
Begeistert überzeugen „Das rhetorische Feuer entfachen"
Unterschwellig manipulieren „Ich kriege dich schon!"

Wahrnehmung verzerren „Ich glaub' nur, was ich sehe."
Einwände entkräften „Das ist doch gar nicht machbar! – Oder doch?"
Gespräche führen „Zielorientierte und zeitsparende Gesprächslenkung"
Meetings leiten „Besprechungen erfolgreich führen"
Geschicktes Nudging „Das versteckte Anschubsen"
Interviews führen „Darf ich Sie mal fragen?"

4 Ratgeber in der Ego-Management-Reihe

Persönlichkeits-Management – Ego-Knigge [2100] Soft Skills, Selbst-Reflexion und Selbst-Bewusstsein
Stress-Management – Ego-Knigge [2100] Lampenfieber, Stressoren, Gerüchte, Mobbing, Burnout, Stressvermeidung
Zeit-Management– Ego-Knigge [2100] Umgang mit der Zeit, Organisation von Arbeitsabläufen, Perfektionismus, Zielsetzung
Gedächtnis-Management – Ego-Knigge [2100] Gehirn, Intelligenz, Schwachsinn – Hochbegabung, Gedächtnis, Lerntechniken.
Jeder Ratgeber € 14,90, 104 Seiten, A5, kartoniert

4 Ratgeber der Reihe Lebenseinstellung

Aberglauben-Knigge [2100] Von schwarzen Katzen, der linken Hand des Teufels und den Glücksbringern
Lügen- und Egoismus-Knigge [2100] Überleben durch Flunkern, Schummeln und Täuschen! Macht, Respekt, Wertschätzung? Lebenslüge und Lebensschutz
Glücks-Knigge [2100] Vom Glücklichsein, positiven Denken und von Freundschaften
Angst- und Optimismus-Knigge [2100] Die Furcht beherrschen, Ängste nutzen und positiv durchs Leben gehen.
Jeder Ratgeber € 12,95, 160 Seiten, A5, kartoniert

3 Ratgeber Bräutigam, Braut und Brautpaar

Bräutigam-Knigge [2100] Verlobung und Polterabend, Schwiegereltern und das Ja-Wort, Hochzeits-Outfit und Hochzeits-Kutsche
Braut-Knigge [2100] Brautkleid und Accessoires, Das große Hochzeitsfest, Höhepunkte und Hochzeitstanz
Brautpaar-Knigge [2100] Historisches und Sonderbares, Planung und Organisation, Aberglaube und Hochzeitsbräuche.
Jeder Ratgeber € 15,90, 104 Seiten, A5, kartoniert

2 Ratgeber Selbst-Coaching

Selbstbewusstsein Knigge [2100] Ich bin, ich kann, ich will. Das eigene Leben bestimmen, Soft Skills, The Winner 1.
Selbstwertgefühl Knigge [2100] Steh auf! Werde aktiv! Zeige Profil! Das eigene Leben beeinflussen, Motivation, The Winner 2.
Selbstoptimierung Knigge [2100] Optimistischer, attraktiver, authentischer. Das eigene Leben gestalten, Ansprüche, The Winner 3.
Jeder Ratgeber € 12,95, 120 Seiten, A5, kartoniert

Leben und Lifestyle

Das kleine Knigge-Quiz [2100] € 9,70; 96 Seiten, 12x19 cm, kartoniert

Jugend-Knigge [2100] Knigge für junge Leute und Berufseinsteiger, € 15,90; 152 Seiten

Zukunfts-Knigge [2100] Verfall der Sitten und Verlust der Wertschätzung? Umgangsformen in 100 Jahren. Zusammenleben mit Menschen, Maschinen und menschenähnlichen Robotern, € 14,95; 172 Seiten A5 kartoniert

Wertschätzung-Knigge [2100] Gleichberechtigung, Gender und Respekt, Sexuelle Orientierung, Umgang bei Diskriminierung und Mobbing, € 14,95; 152 Seiten A5

Hochzeits-Knigge [2100] Hochzeitsbräuche, Geschenke, Brautjungfer, Trauung, Festgäste und Festmahl, € 29,95; 310 Seiten A5

Ü65- und Senioren-Knigge [2100] Die junge Alten und die alten Jungen, Kommunikation und Verständnis zwischen den Generationen, Einsamkeit und technischer Fortschritt, € 19,95; 180 Seiten A5

Blumen-Knigge [2100] Historisches, Mystisches, Festliches, Blumen-Sprache, Umgang mit Blumen-Präsenten, € 19,95; 144 Seiten A5

Bekleidung! Ausdruck der Persönlichkeit – Lukas' Outfit-Knigge [2100], € 19,95; 196 Seiten A5

Nudel-Knigge [2100] Himmlische Teigwaren, € 17,95; 140 Seiten A5

Der Interkulturelle Kompetenz-Knigge [2100] Kultur, Kompetenz, Eindrücke – Gesten, Rituale, Zeitempfinden – Berichte, Tipps, Erlebnisse, € 29,95; 240 Seiten A5

China-Deutschland-Knigge [2100] Chinesen in Deutschland, € 12,90; 104 Seiten A5

Dschungel-Knigge [2100] Umgang in ungewohnter Umgebung, € 23,95; 192 Seiten A5

Der Dicke-Knigge [2100] Aus dem prallen Leben des Dicken, € 15,90; 104 Seiten A5

Typisch Frau – Typisch Mann Knigge [2100] Unterschiede und Gemeinsamkeiten im Umgang mit dem anderen Geschlecht, € 12,95; 128 Seiten A5

Kulinarischer und Gastronomischer Knigge [2100] Von Events, Feiern, Aperitif über Esskultur, Speisen und Getränken zu zeitgemäßen Tischsitten, € 26,50; 284 Seiten A5

Klo- und Pinkel-Knigge [2100] Vom privaten und öffentlichen Bedürfnis - Umgangsformen im Tabu-Bereich, € 13,50; 104 Seiten A5

Omi hüpf' mal Märchen meiner Großmutter, Erlebnisse ihre Jugend und wahre Geschichten meines Vaters von und über Omi Rickchen, Hardcover, € 29,95; 312 Seiten

Der Hunde-Knigge [2100] Umgang mit dem Hund – Hundesprache – Der Hund in der Gesellschaft, € 17,95; 180 Seiten A5

Welcome to Germany-Knigge [2100] Umgangsformen, Verhaltensmuster und gesellschaftliches Miteinander im deutschsprachigen Europa, € 11,99; 108 Seiten A5

Besuch willkommen Knigge [2100] Einladung, Gast, Geschenk, Empfang, Feier, Gastfreundschaft, € 14,95; 200 Seiten A5

Mensch, Macht, Mörder [2100] Verfall der Umgangsformen?, € 14,90; 260 Seiten A5

Leben, Tod und Ansichten Austausch mit Berühmtheiten über Wichtiges und Unwichtiges im Leben, € 12,95; 116 Seiten A5

Leben, Tod und Überlegungen Austausch mit Berühmtheiten über Größe, Ewigkeit und Spaß im Leben, € 12,95; 116 Seiten A5

Tod, Trauer, Totenkult-Knigge [2100] Sterben, Trost, Takt, Bestatten, Tradition, Vorsorge, Tabus, Vergänglichkeit und Sonderbares, € 17,95; 212 Seiten A5

Corona-Knigge 2100 Umgang mit dem Virus, € 9,70; 88 Seiten 12x19, kartoniert

Leben und Lifestyle

   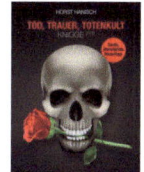 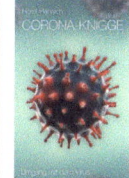

Rhetorik, Soft Skills, Hochschule, Beruf

Rhetorik ist Silber Von den ersten Schritten zu einer perfekten Präsentation, € 17,90; 144 Seiten A5, kartoniert, Zeichnungen

Moderation ist Gold Gesprächsführung, Umfragen, Talkrunden und Manipulation, € 17,90; 144 Seiten A5, kartoniert, Zeichnungen

Lebhafte Körpersprache in Vorträgen, Präsentationen, Gesprächen, € 17,90; 144 Seiten A5, kartoniert, ca. 290 Zeichnungen

Rhetoric – Mastering the Art of Persuasion, € 22,90; 144 Seiten A5, kartoniert

Discussion – Mastering the Skills of Moderation, € 22,90; 144 Seiten A5, kartoniert, Zeichnungen

Body Language in Europe, € 22,90; 144 Seiten A5, kartoniert, ca. 290 Zeichnungen

Körpersprache – Lüge, Verrat, Macht, Im Beruf, vor Gericht, beim Flirt – Gewinnerpose und Demutshaltung – Drohung und Zuneigung; € 29,95; 364 Seiten A5, kartoniert, über 400 Zeichnungen

Das große Buch der Rhetorik [2100] Tacheles reden; Präsentieren; manipulieren und überzeugen, € 37,45; 332 Seiten A5, kartoniert, viele Darstellungen

Trickreiche Rhetorik [2100] Psychologische Gesprächsführung, manipulierende Darstellung, unaufdringliches Nudging, € 37,45: 300 Seiten A5, kartoniert, Zeichnungen

Soft Skills-Knigge [2100] Soziale, Persönlichkeit, Selbstmanagement, € 37,45; 324 Seiten A5, kartoniert, viele Darstellungen

Schlagfertigkeit-, Spontaneität-, Stegreif-Knigge [2100] Impulsiv handeln, verbale Angriffe kontern, Störungen entwaffnen, € 13,50; 104 Seiten A5

Pitch Skills und Überzeugungs-Knigge [2100] Elevator Pitch, Geldgeber beeindrucken, Feuer versprühen, € 13,50; 128 Seiten A5, kartoniert

Smalltalk-Knigge [2100] Vom kleinen Gespräch bis zum charmanten Flirt - Kontakt ausbauen, Sympathie zeigen, Begehrlichkeit wecken, € 13,50; 100 Seiten A5

Quassel-Knigge [2100] Quasseln, Quatschen, Quengeln oder Lebenswichtige Kommunikation – Gezielt eingesetzte Rhetorik – Aussagekräftiges Profil zeigen, € 13,50; 112 Seiten A5

Hochschul-Knigge [2100] Studentischer Umgang in und außerhalb der Hochschule am Beispiel der Cologne Business School, 132 Seiten A5, kartoniert, Fotos

Jugend-Karriere-Knigge [2100] Schule und Studium, Netzwerk und Klüngel, Erfolg und Risiken, € 19,95; 224 Seiten A5, kartoniert, Zeichnungen, Checklisten

Bewerbungs-Knigge [2100] **für Frauen – Tina bewirbt sich / Bewerbungs-Knigge** [2100] **für Männer – Tom bewirbt sich**, Vorbereitung, Wahl der Kleidung, Verhalten beim Bewerbungsgespräch, je € 19,70; 128 Seiten A5, kartoniert, Fotos, Checklisten

Kreativitäts-Knigge [2100], Visionärhaft denken, Scheuklappen sprengen, Mentales Risiko eingehen, € 14,95; 164 Seiten A5, kartoniert

Team und Typ-Knigge [2100], Ich und Wir, Typen und Charaktere, Team-Entwicklung, € 14,95; 128 Seiten A5, kartoniert, viele Darstellungen

Die flotte Generation Y im 21. Jahrhundert, selbstbewusst – lebensbetonend – flexibel. Wie mit der Generation Y zielorientiert und erfolgreich gearbeitet werden kann, € 12,95; 116 Seiten A5, kartoniert, Zeichnungen

Die flotte Generation Z im 21. Jahrhundert, entscheidungsfreudig – effizient – eigenverantwortlich. Wie mit der Generation Z zielorientiert und erfolgreich gearbeitet werden kann, € 12,95; 140 Seiten A5, kartoniert, Zeichnungen

Telemeeting [2100], Digitale Konferenz, Online-Unterricht, Homeoffice, € 12,95; 104 Seiten A5, kartoniert

Rhetorik, Soft Skills, Hochschule, Beruf

Englisch:

  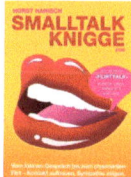 

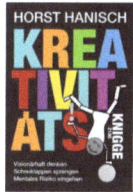  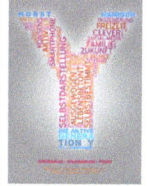  

Beratung, Coaching, Seminar

Wer hat nicht gerne mit Menschen zu tun, die selbstbewusst und selbstsicher mit anderen Menschen umgehen?

Geschäftspartnern, die die elementaren Regeln des ‚Benimms' beherrschen, stehen die Türen zum Erfolg offen.

Unternehmen, die neben ihrer fachlichen Leistung auch ‚menschlich' überzeugen wollen, bieten wir für ihre Mitarbeiterinnen und Mitarbeiter aktives Training im Umgang mit Kunden, Gästen, Kollegen und Gesprächspartnern an.

Auf unserer Website informieren wir Sie über unsere Angebote:

- Firmen-Internes-Training
- → Business-Etikette und das Lehrmenü
- → Präsentieren, Moderieren, Kommunizieren
- → Körpersprache und ihre Geheimnisse
- Offen ausgeschriebene Seminare
- → Teuflische Rhetorik
- → Flottes Reden vor und zu anderen

- → Der erste Eindruck
- → Ladies Power
- Individuelles Einzel-coaching
- → Authentisches Auftreten
- → Dress for Success
- → Verhandlungstechniken
- → Persönlichkeit
- Interkulturelles Training
- Freundlichkeits-Checks in Unternehmen

- Workshops
- → Soft Skills
- → Team-Training
- Intensiv-Training für
- → TV-Auftritte
- → Vorträge
- → Präsentationen
- → Reden
- Fachliteratur und Arbeitsunterlagen
- Vorträge/Speaker
- → Vor kleinem und vor großem Publikum

Individuelles Coaching für Einzelpersonen: Und, wer es ganz individuell mag, greift zurück auf ein Einzel-Coaching, auch als Online-Coaching. Hier werden ganz persönliche Herausforderungen angegangen, mit Themen wie:

- Interkulturelle Kompetenz
- Selbstsicheres Auftreten
- Präsentations-Techniken
- Erfolgreiche Verhandlungsführung

- Der Erste Eindruck
- Bewerbungstraining
- Rhetorik und Überzeugungskraft

und andere Themen – direkt auf die besonderen Bedürfnisse des Einzelnen zugeschnitten. Besuchen Sie uns auf www.knigge-seminare.de